SAUVONS LA PLANÈTE !

Une bande dessinée
pour expliquer aux enfants le changement climatique
et d'autres défis pour notre futur.

Julie Wornan est née à New York City (USA) mais elle vit en France depuis 1976. Elle a publié plusieurs contes fantastiques sur les sites Bewildering Stories et Antipodean SF. Une collection de ses contes, The Mutual Reverse See, est disponible en livre électronique chez Amazon.

"Sauvons la Planète !" est née de sa conviction que les enfants doivent parvenir à une bonne compréhension du changement climatique et des autres changements que subit notre planète, car c'est eux qui auront à en subir les conséquences et à chercher les solutions. Aux enfants qui militent activement pour la santé de notre planète, elle dit, "Bravo et bon courage !"

Contact : madeblanc77@gmail.com

Philippe Honnoré est né dans le sud de la France. Il est Maître d'école en Ardèche et Artiste Peintre. Il se passionne pour la bande dessinée depuis son enfance. "Sauvons la Planète !" est le fruit de la rencontre de l'Ecologie et de la Pédagogie. Il mobilise son énergie pour transmettre aux enfants les informations nécessaires à la gestion des problèmes humains et environnementaux.

Contact : flipo777@hotmail.fr

PRÉFACE

Nous vivons à une époque vraiment pas comme les autres.

De tout temps, l'humanité a vécu des drames : des catastrophes naturelles et d'autres fabriquées par les êtres humains. Des éruptions volcaniques, des tremblements de terre, des épidémies, des guerres…

Mais chaque fois, le danger était limité dans l'espace et dans le temps. Aujourd'hui, notre planète tout entière subit un changement fort et grave.

Vous, les jeunes, aurez besoin de toute votre imagination, votre courage et votre solidarité pour transformer cette situation incertaine en un avenir de paix et de bien-être. Différent du présent. Peut-être meilleur.

À vous de jouer. Bon courage !

Julie Wornan

TABLE DES MATIÈRES

Chapitre I - Rencontre avec un papillon fantôme ....page 7

Chapitre II - Voyage au pays du changement climatique ....page 13

Chapitre III - Où l'on apprend les causes du changement climatique ....page 19

Chapitre IV – Quelques exemples :
L'ouragan Sandy ; l'île de Tuvalu inondée ;
la fonte du glacier de Groenland ;
la fonte de la banquise arctique ....page 27

Chapitre V – Les combustibles fossiles ....page 35

Chapitre VI – Revenons vite vers 350 ! ....page 41

Chapitre VII – Des énergies renouvelables ....page 51

Chapitre VIII – Et l'énergie des atomes ? ....page 59

Chapitre IX – Préservons la Planète ....page 65

Chapitre X – Une Révolution dans les esprits ....page 73

Annexe A : Quelques mots sur l'énergie nucléaire ....page 95

Annexe B : Les Énergies Jugées ....page 102

Annexe C : Save something for our children (chanson) ....page 109

Postface ....page 113

Pour aller plus loin ....page 114

CHAPITRE I

Rencontre avec un papillon fantôme

Après une longue journée d'école, Elodie et Hugo adorent prendre leur goûter dans leur jardin.
Pas de chocolat aujourd'hui ?
Le chocolat est devenu trop cher.
C'est à cause du réchauffement climatique. Les plantations de cacao souffrent des grandes chaleurs.
J'en ai ras l'bol de ce "réchauffement climatique".
Et puis moi j'aime la chaleur.
Au printemps, ici, d'accord, c'est agréable. Mais il y a des bouleversements sur toute la planète.
Le prof nous en a parlé.
Canicules, sécheresses, tempêtes, inondations. Les terres qu'on cultive se dégradent, mais il y a de plus en plus de monde à nourrir. Des gens ont faim. Des animaux disparaissent.

Ils disparaissent ...Comme moi !
Tu es qui, toi ?
Je m'appelle "Grand papillon blanc de Madère". Vous pouvez m'appeler Madéblanc.
Je suis l'âme d'une race de papillons aujourd'hui disparue ... éteinte.
Tu es un fantôme alors ?
Comment as-tu pu disparaître ?
J'habitais Madère, une île dans l'océan Atlantique au large du Maroc. Son climat doux et ses beaux paysages attiraient les touristes...
...qui sont arrivés en grand nombre. Ils ont construit des maisons, des hôtels, des commerces, des routes. Ils ont détruit mon habitat. Je n'avais plus où aller.
En novembre 2007, les scientifiques ont déclaré ce papillon "race éteinte".

Excuse-moi, Madéblanc, tu es mignon mais... franchement, la perte de quelques petites bêtes comme toi, on s'en balance !
ELODIE !!
Je te comprends Elodie.
Mais les papillons...
... et les abeilles pollinisent vos fleurs, vos arbres fruitiers. Les abeilles sont en grand danger à cause des pesticides. Que se passerait-il s'il n'y avait plus d'abeilles ?
Et que dire de la disparition des tigres, des rhinocéros ? Des éléphants, des ours polaires ?
Aujourd'hui, un grand nombre d'espèces, la moitié peut-être, est menacée d'extinction avant la fin du siècle à cause de l'activité humaine.
Imagine, Elodie, un monde sans animaux vivant librement dans les bois, les savanes...
Tu me fais peur !
Mais je ne comprends pas. J'ai vu plein de vidéos montrant des animaux sauvages.
Les vidéos ne montrent pas que leur nombre diminue sans cesse.
Il y a 100 ans on comptait 100 000 guépards sauvages ; aujourd'hui il en subsiste 10 000 à peine. Il y a 97 % de tigres en moins depuis le début du XXe siècle. Aujourd'hui davantage de tigres vivent en captivité qu'à l'état sauvage !

Je vous aime bien, vous les humains, bien que vous soyez énormes et que vous n'ayez pas d'ailes. Mais tous ces hommes, femmes et enfants ont besoin de logements. Vous voulez manger, c'est normal... mais vos terres cultivées prennent de la place !
Vous voulez vous chauffer, fabriquer des meubles. Vous coupez les forêts. Et c'est l'habitat de nombreux animaux qui disparaît.
Et quand la forêt disparaît ...?
Les forêts sont indispensables à la santé du climat parce que les plantes absorbent le gaz carbonique.
Oh là, les grands mots ! Moi je mange ma tartine de confiture et je ne t'écoute plus, sinon j'aurai mal à la tête. Madé, tu veux une tartine?
C'est gentil, Elodie. Mais les fantômes ne mangent pas.
Je viens d'un monde imaginaire, un univers parallèle, pour vous dire des choses très importantes pour votre avenir.
Si c'est important...
Nous t'écoutons !
Pour l'instant ça ne va pas trop mal dans votre pays. Bon, à part quelques articles plus chers, et la météo un peu plus imprévisible. Mais les choses vont se dégrader.
Venez sur mes ailes, on va faire un tour du monde. Vous allez comprendre.

CHAPITRE II

Voyage au pays du Changement Climatique

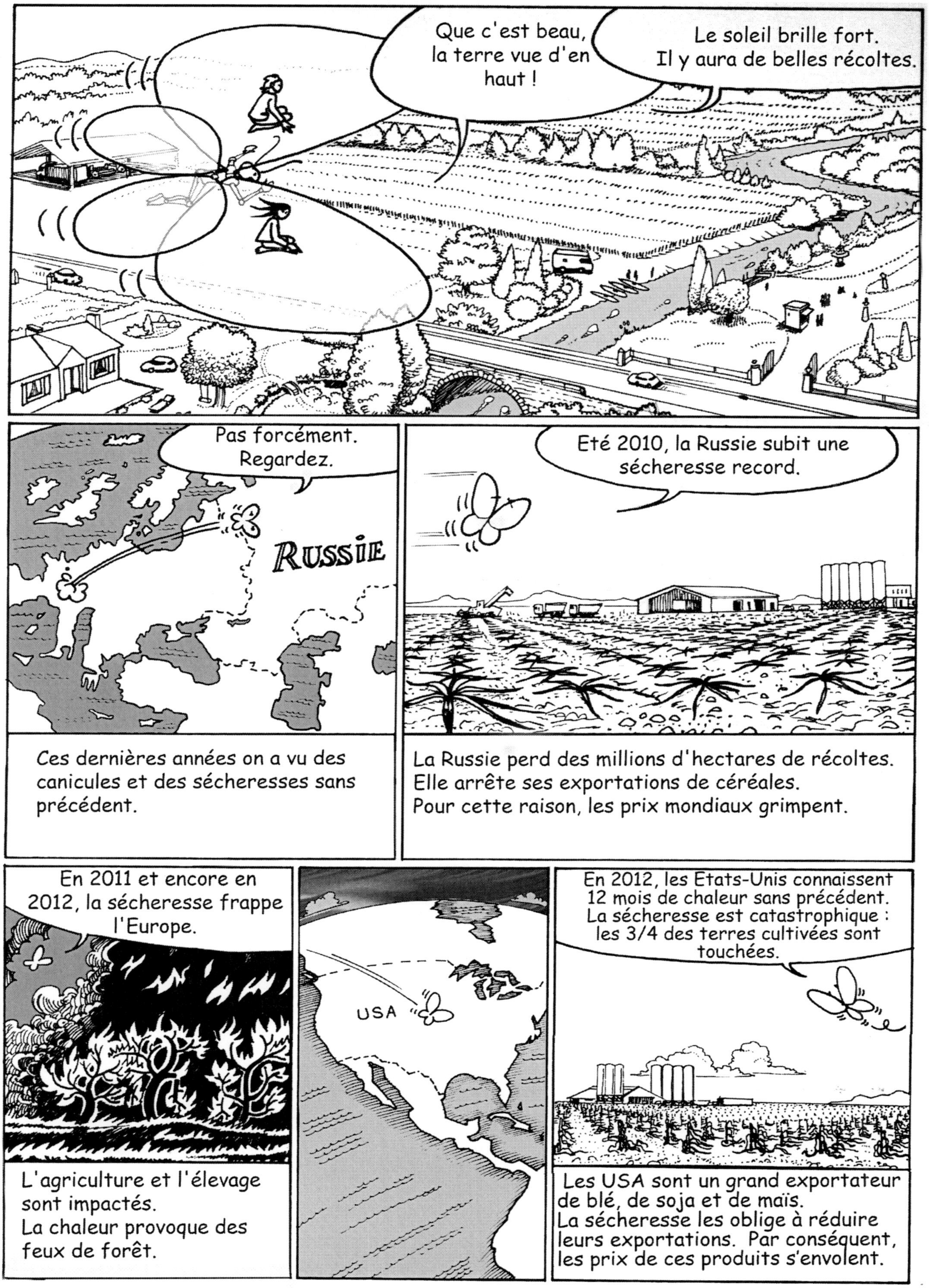
Que c'est beau, la terre vue d'en haut !
Le soleil brille fort. Il y aura de belles récoltes.
Pas forcément. Regardez.
RUSSIE
Ces dernières années on a vu des canicules et des sécheresses sans précédent.
Eté 2010, la Russie subit une sécheresse record.
La Russie perd des millions d'hectares de récoltes. Elle arrête ses exportations de céréales. Pour cette raison, les prix mondiaux grimpent.
En 2011 et encore en 2012, la sécheresse frappe l'Europe.
L'agriculture et l'élevage sont impactés. La chaleur provoque des feux de forêt.
USA
En 2012, les Etats-Unis connaissent 12 mois de chaleur sans précédent. La sécheresse est catastrophique : les 3/4 des terres cultivées sont touchées.
Les USA sont un grand exportateur de blé, de soja et de maïs. La sécheresse les oblige à réduire leurs exportations. Par conséquent, les prix de ces produits s'envolent.

Les événements climatiques extrêmes deviennent plus fréquents.
Voici quelques exemples pour la seule année 2012.
JANVIER
Brésil : fortes pluies, inondations et glissements de terrain forcent 13000 personnes à abandonner leur foyer.
Chili : chaleur intense, sécheresse, vents violents provoquent 50 incendies qui détruisent des centaines des maisons
Australie : Canicule record.
FEVRIER
Europe de l'est : une vague de froid extraordinaire fait périr plus de 650 personnes.
Madagascar : le cyclone tropical Giovanna détruit des foyers, raye 2 villages de la carte.
MARS
USA et Europe : températures record, feux de forêt.
Sahel : la sécheresse provoque la famine.
Australie : inondations record, des milliers de foyers abandonnés.
AVRIL
USA: sécheresse et tornades Grêlons gros de 7 cm.
Vietnam: des vents violents endommagent maisons et récoltes.
Rwanda: de fortes pluies détruisent les cultures.
MAI
Brésil: sécheresse, pénuries d'eau. On voit des "guerres de l'eau".
Somalie: des crues soudaines endommagent cultures et bétail.
Cuba: des pluies torrentielles endommagent des maisons et inondent des cultures.
JUIN
Chine: des pluies torrentielles entraînent l'évacuation de 5 millions de personnes et inondent des terres agricoles ; pénuries d'eau potable.
Bangladesh: pluies diluviennes qui provoquent des inondations.
Afrique du Sud: tornade meurtrière.
Arctique: La glace fond à une vitesse jamais vue.

JUILLET
USA: Vague de chaleur record, sécheresse. Cultures dévastées.
Japon: Canicule accablante.
Europe : des régions entières ravagées par des feux de forêt.
Inde, Russie, Japon, Chine, Corée, Philippines: pluies torrentielles, inondations.
Groenland: Fonte phénoménale de la calotte glaciaire.
AOUT
Chine: des typhons endommagent 60'000 foyers.
Bangladesh : Inondations, glissements de terrain touchent un million de gens. Des cultures sont ravagées.
SEPTEMBRE
Arctique : La glace de mer est à son niveau le plus bas depuis toujours.
OCTOBRE
Nigeria : De fortes pluies pendant 4 mois font déborder deux fleuves, inondent des cultures, forcent l'évacuation de 2 millions de personnes.
NOVEMBRE
Caraïbes, USA: L'ouragan Sandy frappe les Caraïbes avant de suivre toute la Côte Est des Etats-Unis et de frapper New York.
DECEMBRE
Philippines: L'énorme typhon Bopha frappe. Vents de 200 km/heure. Inondations, glissements de terrain, chutes d'arbres : plus de 1000 morts et des centaines de milliers de sans-abri.
Arrête! Je n'en peux plus. Je tremble de froid ...
J'ai trop chaud, je transpire, j'ai soif...
D'accord, on s'arrête là. Vous avez compris.

CHAPITRE III

Où l'on apprend les causes du changement climatique

Madé, qu'est-ce qui a changé ?
Moi je sais : c'est le réchauffement global.
D'où vient cette chaleur excessive ?
Regardez cette serre.
Les vitres laissent passer la lumière du soleil... dont une partie se transforme en chaleur. Le verre enferme une partie de cette chaleur. L'intérieur se réchauffe.
C'est comme une voiture garée au soleil, les fenêtres fermées.
Notre atmosphère fonctionne un peu comme une serre.
Mais le ciel n'est pas fait de verre...?
Non, mais certains gaz dans notre atmosphère produisent un effet similaire. Ce sont les gaz à effet de serre, les GES.
Le plus connu est le gaz carbonique (CO2).
Les rayons du soleil chauffent l'air et la terre. Une partie de l'énergie solaire rebondit vers l'espace mais une partie est renvoyée vers la terre.
Plus la quantité des GES est importante, plus cette énergie solaire est retenue près de la terre et la réchauffe.
Un certain effet de serre est normal et il maintient une bonne température pour les êtres vivants. Mais l'augmentation excessive des GES accentue l'effet de serre de façon dangereuse.
Atmosphère chargée de GES

Nous savons que la concentration des GES augmente.
Il a été constaté que la température moyenne de la terre augmente au même rythme que la concentration de CO_2.
1300
1400
1500
1600
1700
1800
1900
AN 2000
Concentration de Gaz Carbonique (CO2)
Température moyenne de la Terre
Source : http://fr.wikimini.org/wiki/Réchauffement_climatique
Mais d'où vient-il ce CO_2 ?
Il vient surtout de la combustion du pétrole, du charbon et du gaz naturel : les combustibles fossiles que les humains utilisent pour faire rouler leurs voitures, voler leurs avions, faire marcher leurs machines, chauffer leurs maisons....
CO_2 = Gaz carbonique (ou dioxyde de carbone)
Riches en carbone, ces substances produisent du gaz carbonique (CO_2) lorsqu'elles sont brûlées.
Les transports produisent énormément de gaz à effet de serre.
La destruction des forêts joue aussi un rôle important.
L'avion est le moyen de transport le plus polluant.
Quand on brûle les forêts pour faire place à l'agriculture, cela produit beaucoup de CO_2...tout en détruisant l'habitat de beaucoup d'êtres sauvages.
La forêt vivante est comme un poumon pour la planète : elle absorbe du CO_2 et elle rejette de l'oxygène.

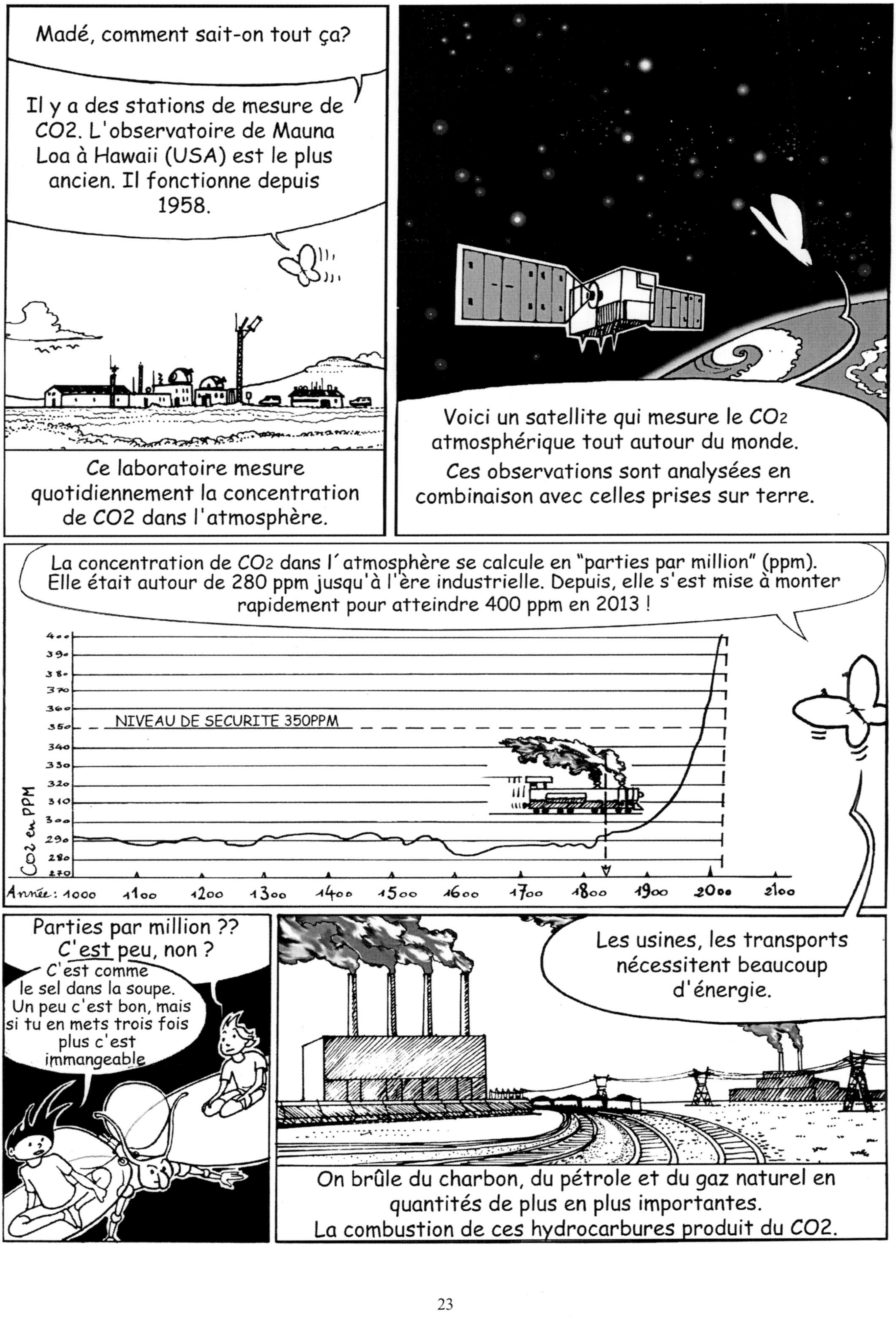
Madé, comment sait-on tout ça?
Il y a des stations de mesure de CO2. L'observatoire de Mauna Loa à Hawaii (USA) est le plus ancien. Il fonctionne depuis 1958.
Ce laboratoire mesure quotidiennement la concentration de CO2 dans l'atmosphère.
Voici un satellite qui mesure le CO2 atmosphérique tout autour du monde.
Ces observations sont analysées en combinaison avec celles prises sur terre.
La concentration de CO2 dans l´atmosphère se calcule en "parties par million" (ppm). Elle était autour de 280 ppm jusqu'à l'ère industrielle. Depuis, elle s'est mise à monter rapidement pour atteindre 400 ppm en 2013 !
400
390
380
370
360
350
NIVEAU DE SECURITE 350PPM
340
330
320
310
300
290
280
270
CO2 en PPM
Année : 1000 1100 1200 1300 1400 1500 1600 1700 1800 1900 2000 2100
Parties par million ?? C'est peu, non ?
C'est comme le sel dans la soupe. Un peu c'est bon, mais si tu en mets trois fois plus c'est immangeable
Les usines, les transports nécessitent beaucoup d'énergie.
On brûle du charbon, du pétrole et du gaz naturel en quantités de plus en plus importantes.
La combustion de ces hydrocarbures produit du CO2.

Avec le réchauffement, les évènements extrêmes se multiplient : canicules, sécheresses, pluies torrentielles, inondations ......
Des canicules, des sécheresses, d'accord. Mais pourquoi des pluies torrentielles ?
Quand l'eau chauffe, qu'est-ce qui se passe ?
La chaleur fait évaporer l'eau.
Et plus il fait chaud...?
Plus l'eau s'évapore. Elle passe dans l'air.
L'air chaud absorbe plus d'eau que l'air froid.
C'est comme une éponge...
Et quand l'éponge est trop pleine ?
Elle redonne son eau.
Les sécheresses deviendront plus fréquentes dans les zones déjà sèches...

et dans les zones humides...
...il y aura davantage de pluie.

Les orages violents se forment quand l'air est humide et que l'écart de température entre le haut et le bas de l'atmosphère est important.
Or, le réchauffement climatique augmente cette différence.

La hausse des températures sera beaucoup plus forte près des pôles que dans les régions équatoriales, sur les terres que sur les océans, et dans l'intérieur des continents que dans les régions côtières.

CHAPITRE IV

Quelques Exemples

L'Ouragan Sandy

L'Ile de Tuvalu Inondée

La fonte du glacier de Groenland

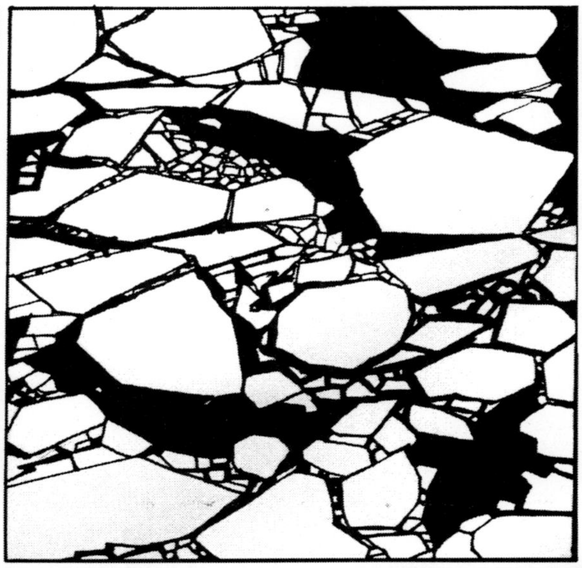

La fonte de la banquise arctique

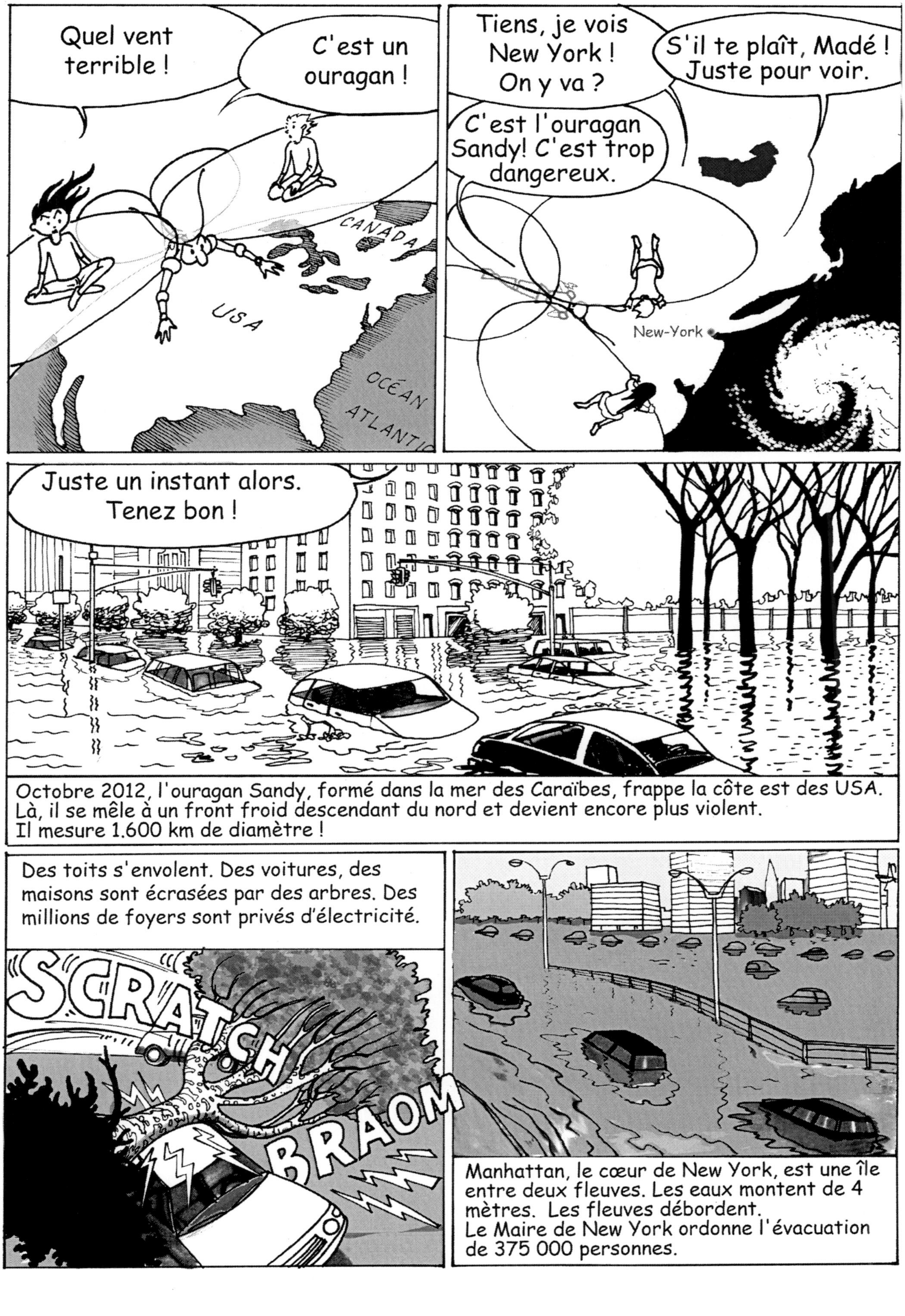
Quel vent terrible !
C'est un ouragan !
CANADA
USA
OCÉAN ATLANTIC
Tiens, je vois New York ! On y va ?
S'il te plaît, Madé ! Juste pour voir.
C'est l'ouragan Sandy! C'est trop dangereux.
New-York
Juste un instant alors. Tenez bon !
Octobre 2012, l'ouragan Sandy, formé dans la mer des Caraïbes, frappe la côte est des USA.
Là, il se mêle à un front froid descendant du nord et devient encore plus violent.
Il mesure 1.600 km de diamètre !
Des toits s'envolent. Des voitures, des maisons sont écrasées par des arbres. Des millions de foyers sont privés d'électricité.
SCRATCH
BRAOM
Manhattan, le cœur de New York, est une île entre deux fleuves. Les eaux montent de 4 mètres. Les fleuves débordent.
Le Maire de New York ordonne l'évacuation de 375 000 personnes.

Après le passage de Sandy, tout le sud de Manhattan est sous l'eau.
Impossible de marcher dans la rue.
Ce qu'il fait froid ! Prenons le métro.
Non mais regarde ! L'eau est montée dans les tunnels du métro.
Viens, Hugo, on va les aider !
Voilà,
c'est terminé. Ils se mettent à reconstruire.
Les dégâts pour l'Amérique sont estimés à 50 milliards de dollars.
Can we help you, Ma'm?
Thank you sir. You are very kind.
VLOUFFF !

Dans l'Océan Pacifique il y a une île balayée par des pluies torrentielles et des énormes vagues.
Regardez là !
On dirait que les habitants s'enfuient de cette île !
Des gens tentent de s'en évader en bateau...
C'est Tuvalu, un petit pays éparpillé sur 9 atolls.
La plupart de son territoire n'est qu'à 1,5 mètres plus haut que le niveau de la mer !
Sa situation dans l'océan Pacifique la rend extrêmement vulnérable à la montée des eaux. Le pays risque de disparaître sous les flots !
En plus, Tuvalu doit affronter des cyclones plus intenses et plus fréquents. Des tempêtes et des inondations causées par les hautes marées provoquent la salinisation du sol, détruisant cocotiers et mangroves.
Nos cultures vivrières sont détruites par l'eau salée qui s'infiltre à travers le corail, et les marées géantes qui se faufilent à travers nos petits atolls. Notre pays devient inhabitable.
TO THE REST OF THE WORLD, PLEASE COULD YOU PREPARE A PLACE FOR MY COUNTRY TO STAY. HELP OUR ISLAND TUVALU. WE ARE DROWN. SEA LEVEL RISING IS TRUE
Oh les pauvres ! Madéblanc, ne peux-tu pas les aider ?
AND IT'IS RISING VERY FAST !
Désolé, Elodie, je ne suis qu'un fantôme. Il est trop tard déjà pour Tuvalu. Mais vous, les vivants, pouvez encore éviter d'autres tragédies ... avec du courage et de la solidarité.
AUSTRALIE
TUVALU
Tuvalu pourrait être la première nation à être entièrement emportée sous l'effet du réchauffement climatique. Les Tuvaluans sont destinés à perdre leurs foyer, leur culture et leur identité. C'est le destin des réfugiés climatiques.

Est-ce que la mer monte de plus en plus vite ?
Oui. L'eau chaude prend plus de place que l'eau froide. Quand l'océan se réchauffe, la mer se dilate et son niveau monte.
Groënland
Canada
Voilà le Groenland. C'est une grande île couverte à 80% par une couche de glace qu'on appelle inlandsis. Cette glace est épaisse de 3 km au centre !
SPLATCH
Regardez ces gros morceaux de glace qui s'en vont dans la mer !
On dirait des montagnes de glace !
Ce sont des icebergs . Le glacier s'écoule vers la mer où il se brise.
Une partie de la glace fond en été.
Elle est reconstituée par les neiges d'hiver. Ceci est normal.
Mais avec le réchauffement climatique, la glace fond de plus en plus vite. L'eau de la glace fondue augmente le niveau de l'océan.
Si toute la glace sur le Groenland fondait, la mer monterait de 7 mètres !
Le documentaire américain *Chasing Ice* (2012) montre comment le glacier fond et se brise sous l'effet du changement climatique.

Le climat a beau se réchauffer, moi j'ai froid !
Cette énorme couche de glace là-bas...
....c'est la banquise arctique. Ici il n'y a pas de terre. La glace s'est formée à la surface de la mer.
Je parie que cette banquise rétrécit aussi.
Beaucoup ! Elle fond en partie en été. Elle se reconstitue en hiver mais son épaisseur et son étendue diminuent chaque année.
La fonte de la banquise ne fait pas monter la mer. Mais elle contribue au réchauffement car là où la glace, blanche, renvoyait les rayons du soleil vers l'espace, la mer, sombre, les absorbe.
Plus la banquise se réduit, plus l'océan Arctique se réchauffe, accélérant ainsi la fonte du reste de la banquise.
Un point de non-retour* pourrait être atteint dès la décennie à venir.
*point de non retour : moment à partir duquel il n'est plus possible de revenir en arrière, d'arrêter un processus.
mille km3 de glace
18
16
14
12
10
8
6
4
2
0
Volume de la glace de l'Océan Arctique de 1980 à 2012 (mesures effectuées en septembre)
Source : http://blogs.scientificamerican.com/guest-blog/2012/09/21/arctic-sea-ice-what-why-and-what-next/
1980 1982 1984 1986 1988 1990 1992 1994 1996 1998 2000 2002 2004 2006 2008 2010 2012
Plus la banquise se réduit...
moins il y a de place pour les ours polaires...

CHAPITRE V

Les combustibles fossiles

Comment en est-on arrivé à ce point ?
Les hommes ont toujours cherché à améliorer leur vie. Pardon, Elodie - quand je dis "les hommes" je veux dire l'humanité : hommes, femmes, filles et garçons.
Il fait froid l'hiver. Alors les gens brûlent du bois pour se réchauffer.
L'arbre, quand il pousse, absorbe du CO2. Il transforme le carbone en feuilles et en bois.
Plus tard, quand l'arbre meurt et se décompose, ou lorsqu'il est brûlé, ce gaz carbonique est relâché dans l'atmosphère.
Ainsi, tout reste en équilibre.
Mais au XIIIe siècle, quand le Vénitien Marco Polo revient de son voyage en Chine, il raconte que les gens font brûler des pierres noires pour chauffer leurs maisons ! C'est ainsi que les Européens découvrent le charbon.
Or, le charbon s'est formé lentement à partir des plantes qui ont vécu il y a des millions d'années. C'est un combustible fossile.
Deux choses à retenir sur les combustibles fossiles :
- leur combustion engendre un ajout net de CO2 dans l'atmosphère,
- ils ne sont pas renouvelables. Quand le stock sera épuisé il n'y en aura plus.

Le XVIIIe siècle voit l'invention de la machine à vapeur ... et la révolution industrielle.
Viennent les usines, les chemins de fer. Seul le charbon peut fournir assez de chaleur pour alimenter ces machines en énergie.
Les mines de charbon se multiplient dans le monde.
Le travail dans les mines est pénible et dangereux. Des milliers de mineurs succombent aux maladies des poumons.
KOF!KOF!
KOF! KOF!
La combustion du charbon disperse des polluants toxiques.
La pollution atmosphérique à Londres en 1952 a fait 12.000 morts. Mais le pire, c'est la quantité de gaz de serre CO2 émis par la combustion du charbon.
Aujourd'hui, le charbon produit plus de 40% de l'électricité mondiale...

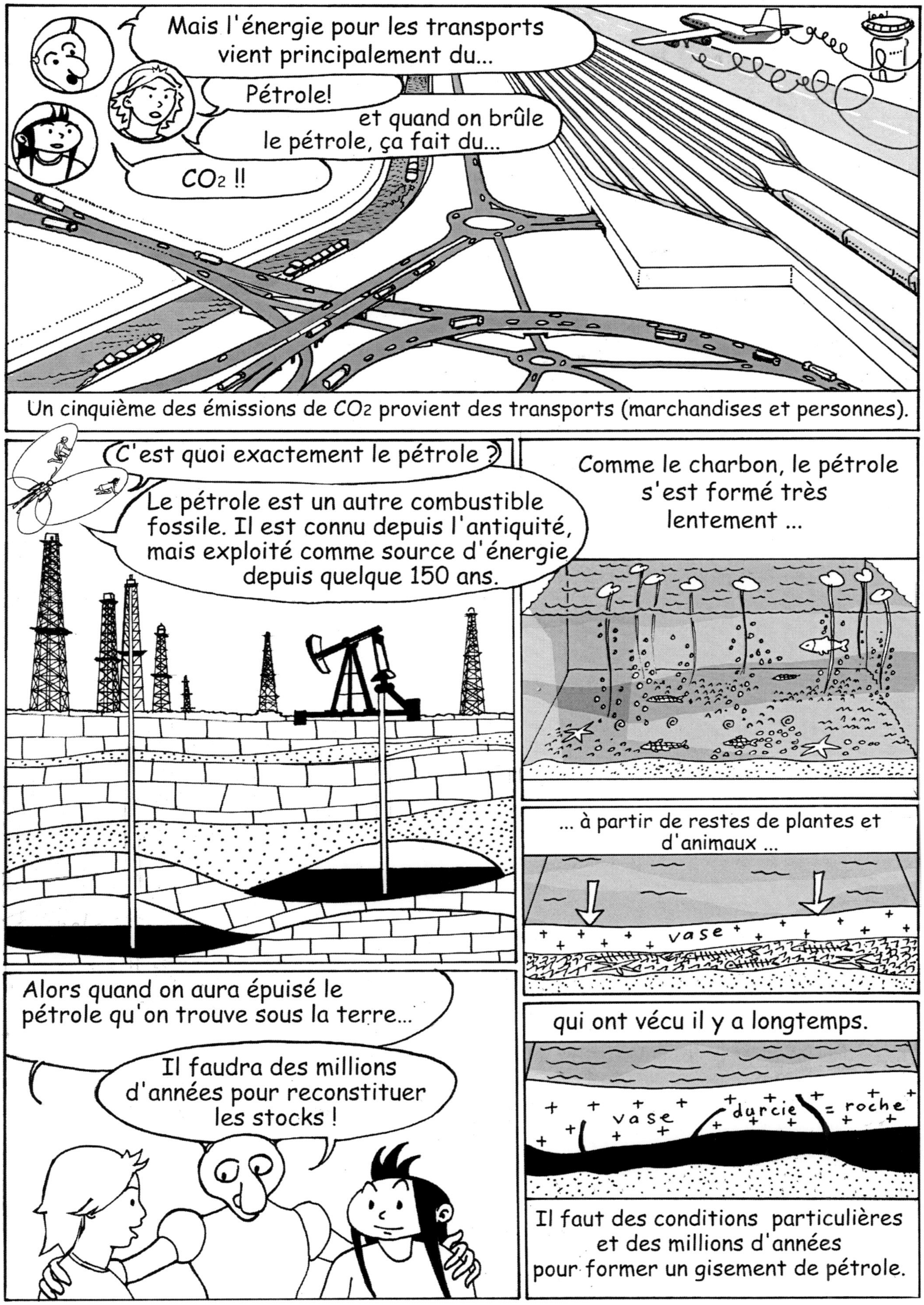
Mais l'énergie pour les transports vient principalement du...
Pétrole!
et quand on brûle le pétrole, ça fait du...
CO2 !!
Un cinquième des émissions de CO2 provient des transports (marchandises et personnes).
C'est quoi exactement le pétrole ?
Le pétrole est un autre combustible fossile. Il est connu depuis l'antiquité, mais exploité comme source d'énergie depuis quelque 150 ans.
Comme le charbon, le pétrole s'est formé très lentement ...
... à partir de restes de plantes et d'animaux ...
vase
qui ont vécu il y a longtemps.
vase durcie = roche
Il faut des conditions particulières et des millions d'années pour former un gisement de pétrole.
Alors quand on aura épuisé le pétrole qu'on trouve sous la terre...
Il faudra des millions d'années pour reconstituer les stocks !

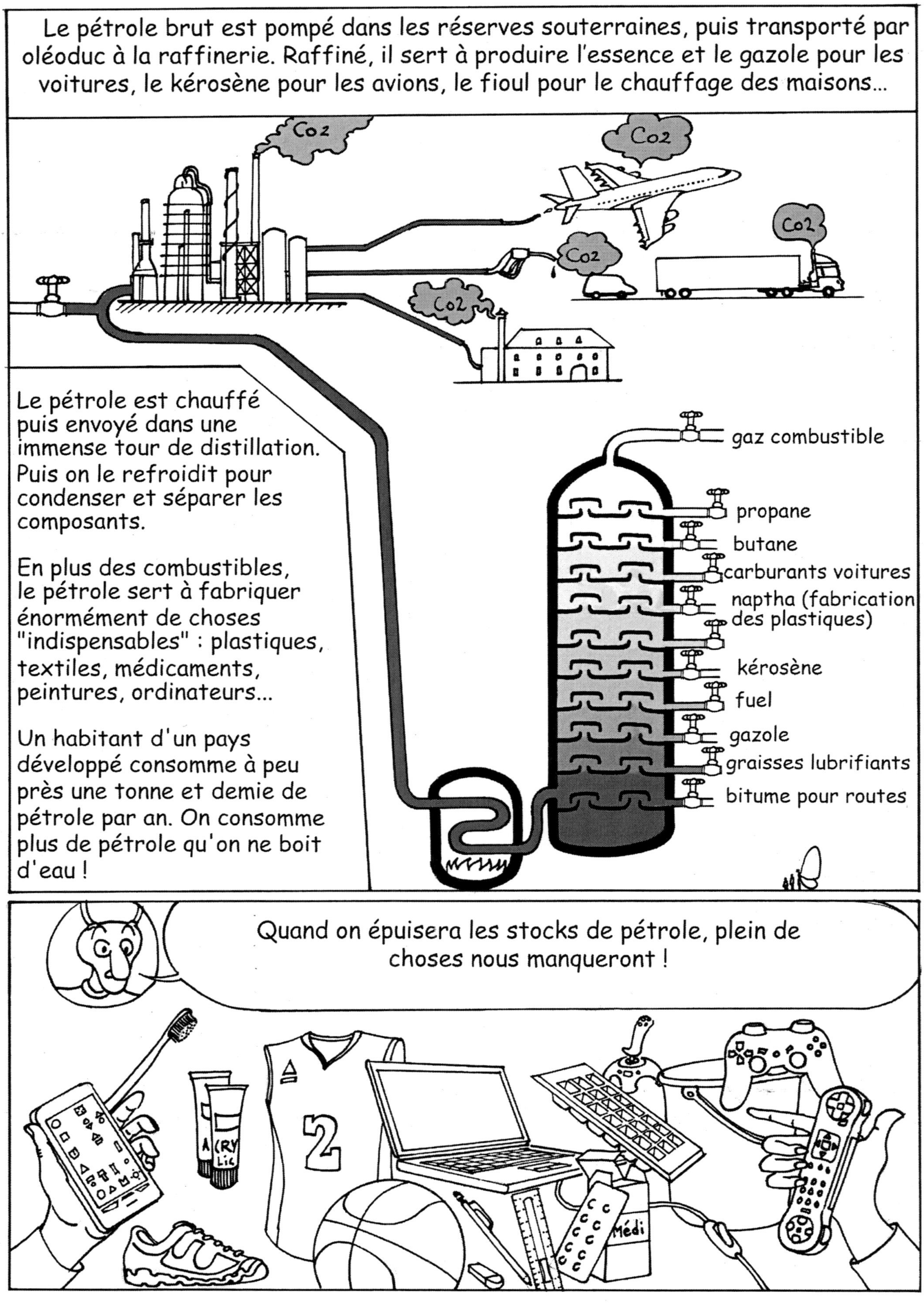
Le pétrole brut est pompé dans les réserves souterraines, puis transporté par oléoduc à la raffinerie. Raffiné, il sert à produire l'essence et le gazole pour les voitures, le kérosène pour les avions, le fioul pour le chauffage des maisons...
Co2
Co2
Co2
Co2
Co2
Le pétrole est chauffé puis envoyé dans une immense tour de distillation. Puis on le refroidit pour condenser et séparer les composants.
En plus des combustibles, le pétrole sert à fabriquer énormément de choses "indispensables" : plastiques, textiles, médicaments, peintures, ordinateurs...
Un habitant d'un pays développé consomme à peu près une tonne et demie de pétrole par an. On consomme plus de pétrole qu'on ne boit d'eau !
gaz combustible
propane
butane
carburants voitures
naptha (fabrication des plastiques)
kérosène
fuel
gazole
graisses lubrifiants
bitume pour routes
Quand on épuisera les stocks de pétrole, plein de choses nous manqueront !
2
Médi

CHAPITRE VI

Revenons vite vers

350

350 parties par million
de CO_2
dans l'atmosphère

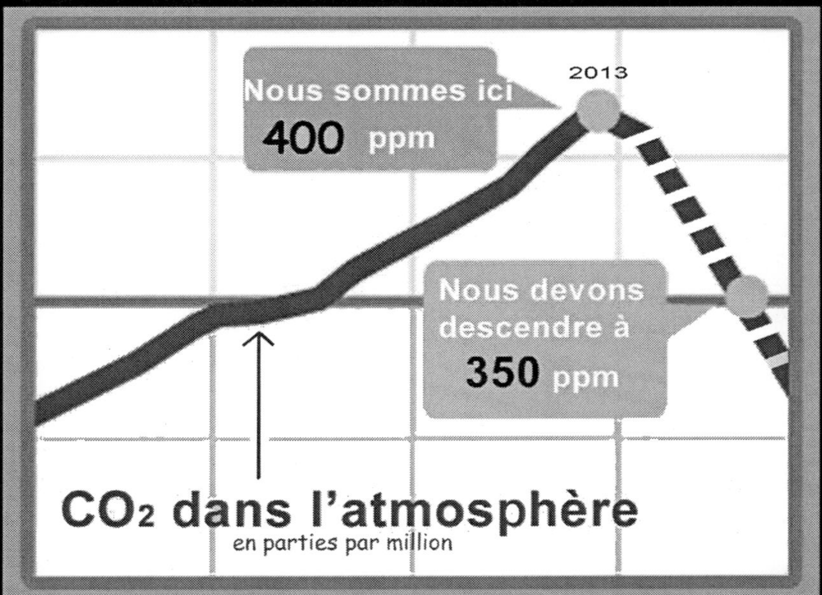

En fait, combien de combustibles fossiles nous reste-t-il dans la terre ?
Les estimations varient. Mais rappelons-nous du danger de tout brûler !
Les climatologues estiment que la concentration de CO2 dans l'atmosphère a atteint un niveau dangereux. Si elle continue à monter, on pourrait atteindre un point de non retour.
L'industrie des combustibles fossiles dispose encore de 5 fois plus de charbon, de pétrole et de gaz dans ses réserves que la quantité qui pourrait être brûlée en toute sécurité.
350.ORG
L'environnementaliste Bill McKibben a lancé un mouvement mondial autour du slogan "350".
Revenons vite vers 350 PPM
Ça chauffe !
URGENCE CLIMATIQUE
CLIMATE CHANGE
Yes we MUST
Le chiffre 350 signifie que nous devons revenir rapidement à un taux de CO2 de 350 ppm.
RETOUR VERS
350 PARTIES
PAR MILLION
350
Dans près de 200 pays, adultes et enfants ont manifesté pour une forte réduction des gaz à effet de serre.
350
Si tous les combustibles fossiles qui gisent sous la terre sont extraits et brûlés, ce sera catastrophique pour la vie sur Terre.
Mais si nous réduisons rapidement notre consommation de combustibles fossiles, les océans et les forêts pourront encore retirer progressivement l'excédent de CO2.

Vous manifestez même sous la mer ?
Nous voulons protéger les récifs coralliens. Ils sont menacés de disparition ...
...en raison du changement climatique.
Comment ça ?
L'océan absorbe un tiers du CO2 excessif produit par les activités humaines. Mais lorsque du CO2 se dissout dans l'eau de mer, il s'y forme de l'acide carbonique.
Ca s'appelle "l'acidification de l'océan."
L'acidification détruit le carbonate de calcium, une substance dont certains organismes marins ont besoin pour former leur squelette ou leur coquille.
C'est le cas du corail, un petit animal qui vit à l'intérieur de son squelette. C'est pourquoi le corail est en danger.
C'est triste. Les récifs coralliens sont si beaux !
Et ils protègent des jeunes poissons.
Les moules et les huîtres sont menacées par l'acidification des mers à cause de leur coquille.
T'en fais pas, les frites sans moules c'est bon aussi.

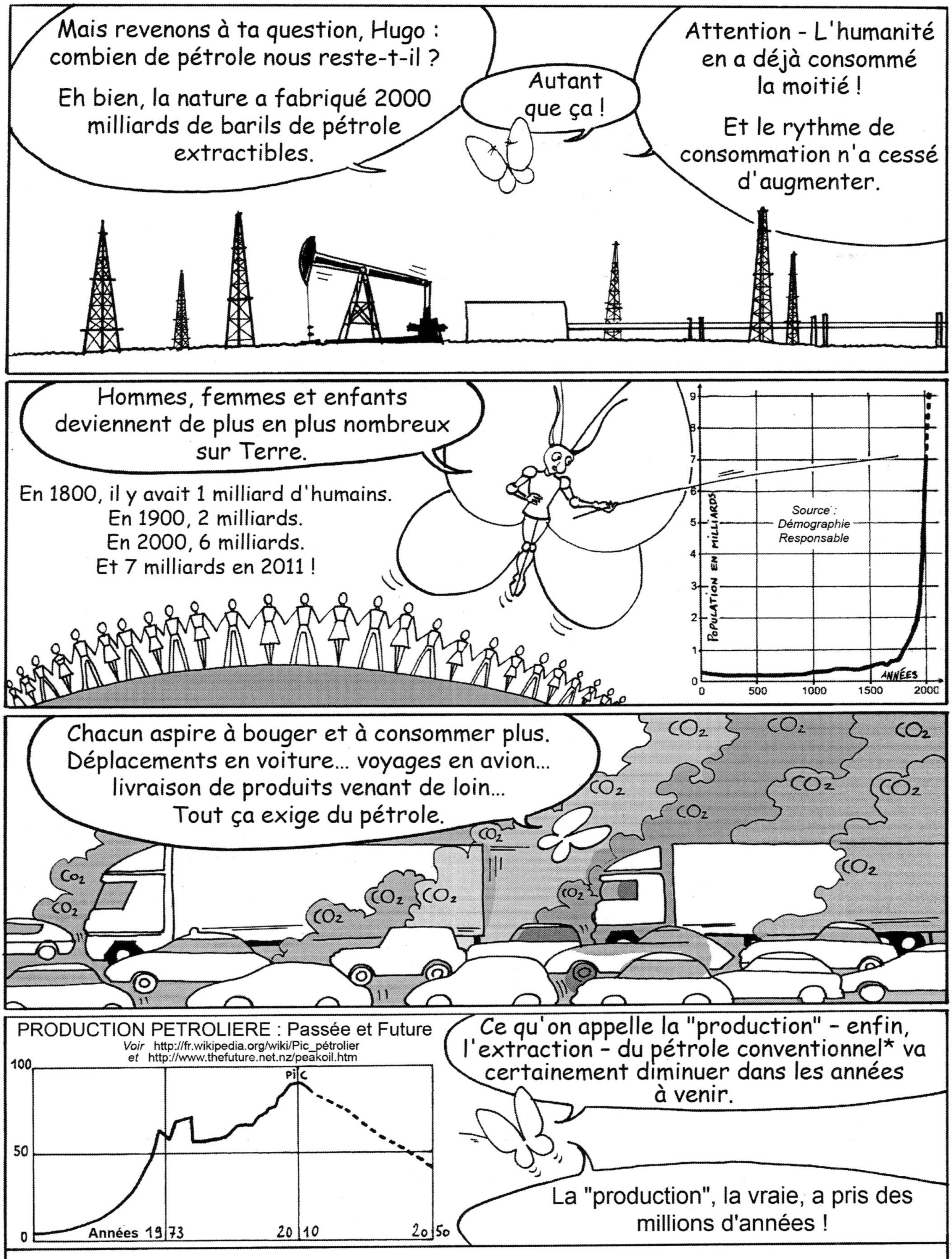

*Réserves **conventionnelles** : d'extraction relativement facile par le pompage.
Réserves **non-conventionnelles** : gisements sous l'eau profonde ou verrouillés dans la roche.

N'y a-t-il pas de nouveaux gisements à trouver ?
La plupart des réserves conventionnelles sont déjà connues. Il y aura de nouvelles découvertes, mais de moindre rendement. Alors les sociétés pétrolières se tournent vers les réserves dites "non conventionnelles". Elles exploitent des gisements sous les eaux: "off-shore"*.
* "**off-shore**" : au large des côtes
Le forage en mer est coûteux et sujet aux accidents.
La fuite du pétrole en mer a souvent causé des "marées noires"
Regarde ce pélican ! Ses plumes sont enduites de pétrole, il ne peut plus voler.
Des milliers d'oiseaux, tortues et dauphins périssent lors de ces accidents.

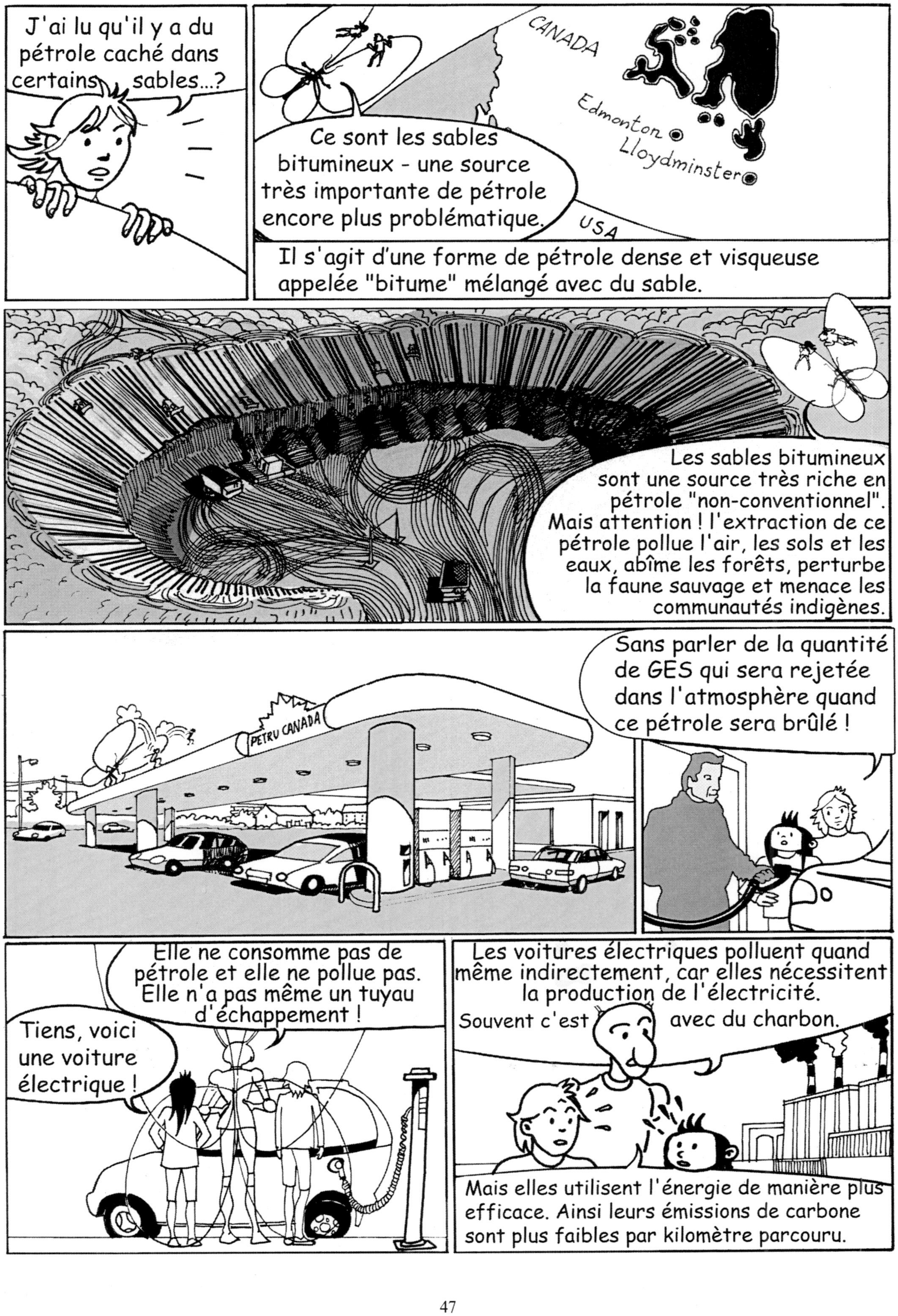
J'ai lu qu'il y a du pétrole caché dans certains sables...?
CANADA
Edmonton
Lloydminster
USA
Ce sont les sables bitumineux - une source très importante de pétrole encore plus problématique.
Il s'agit d'une forme de pétrole dense et visqueuse appelée "bitume" mélangé avec du sable.
Les sables bitumineux sont une source très riche en pétrole "non-conventionnel". Mais attention ! l'extraction de ce pétrole pollue l'air, les sols et les eaux, abîme les forêts, perturbe la faune sauvage et menace les communautés indigènes.
PETRU CANADA
Sans parler de la quantité de GES qui sera rejetée dans l'atmosphère quand ce pétrole sera brûlé !
Tiens, voici une voiture électrique !
Elle ne consomme pas de pétrole et elle ne pollue pas. Elle n'a pas même un tuyau d'échappement !
Les voitures électriques polluent quand même indirectement, car elles nécessitent la production de l'électricité.
Souvent c'est avec du charbon.
Mais elles utilisent l'énergie de manière plus efficace. Ainsi leurs émissions de carbone sont plus faibles par kilomètre parcouru.

Alors il faut certainement utiliser moins de pétrole.
Et le gaz naturel … est-ce une énergie propre ?
Le gaz naturel est principalement du méthane (CH_4). Comme le charbon et le pétrole, il résulte de la décomposition de plantes et d'animaux morts il y a des millions d'années.
VLOUF!
TIC
Le "C" dans sa formule signifie l'élément Carbonne. Quand le gaz brûle, il lâche du CO2 dans l'atmosphère, comme les autres combustibles fossiles.
Le gaz naturel est moins polluant que le pétrole et surtout le charbon.
Le méthane n'est-il pas aussi un gaz à effet de serre ?
Oui, le méthane est un très fort GES quand il s'échappe à l'atmosphère sans être brûlé, par exemple pendant son extraction ou lors des fuites dans les tuyaux.
Euh… que faites-vous ?
Des crêpes !
Gaz Naturel

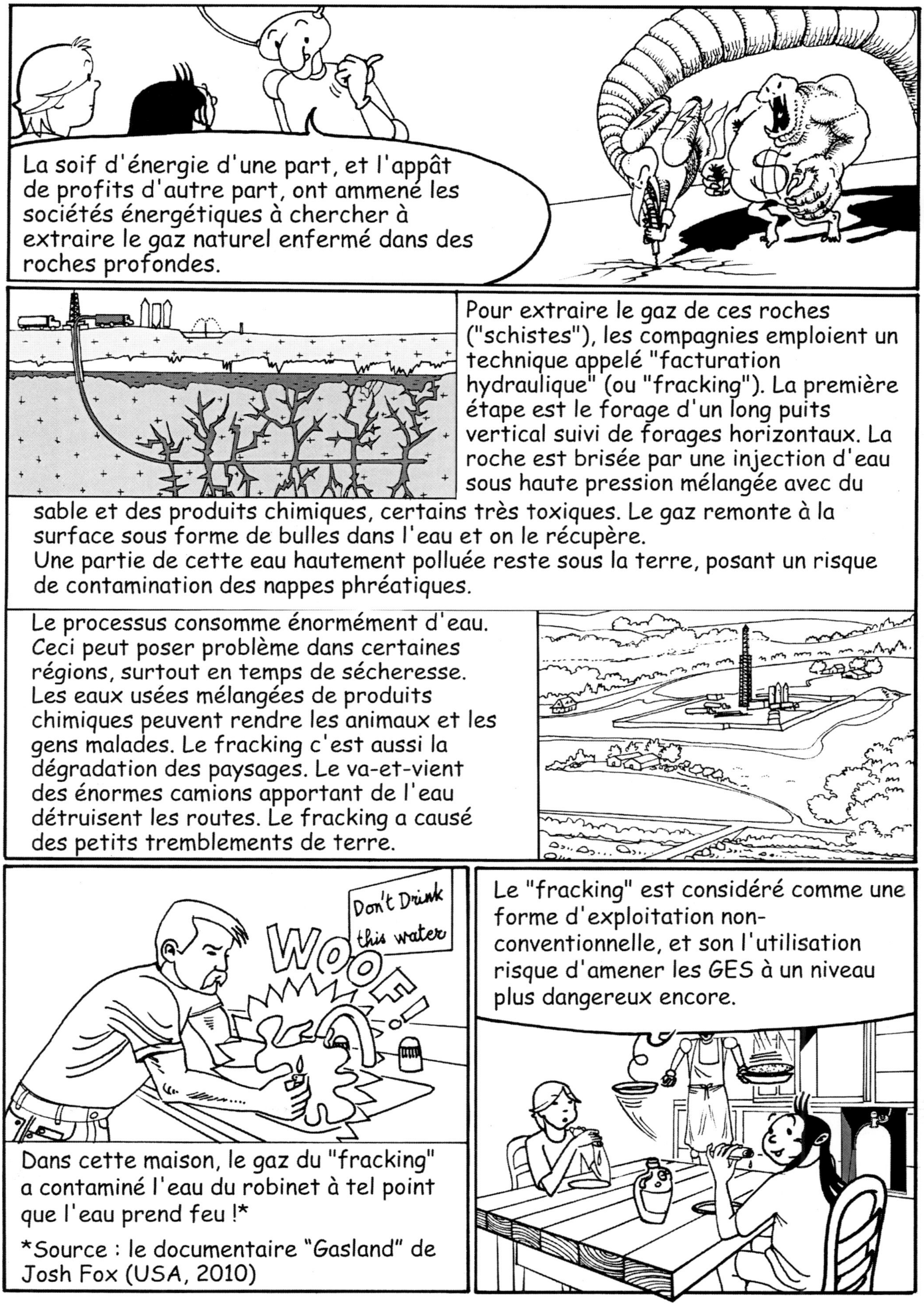
La soif d'énergie d'une part, et l'appât de profits d'autre part, ont ammené les sociétés énergétiques à chercher à extraire le gaz naturel enfermé dans des roches profondes.
Pour extraire le gaz de ces roches ("schistes"), les compagnies emploient un technique appelé "facturation hydraulique" (ou "fracking"). La première étape est le forage d'un long puits vertical suivi de forages horizontaux. La roche est brisée par une injection d'eau sous haute pression mélangée avec du sable et des produits chimiques, certains très toxiques. Le gaz remonte à la surface sous forme de bulles dans l'eau et on le récupère.
Une partie de cette eau hautement polluée reste sous la terre, posant un risque de contamination des nappes phréatiques.
Le processus consomme énormément d'eau. Ceci peut poser problème dans certaines régions, surtout en temps de sécheresse. Les eaux usées mélangées de produits chimiques peuvent rendre les animaux et les gens malades. Le fracking c'est aussi la dégradation des paysages. Le va-et-vient des énormes camions apportant de l'eau détruisent les routes. Le fracking a causé des petits tremblements de terre.
Don't Drink this water
WOOF!
Dans cette maison, le gaz du "fracking" a contaminé l'eau du robinet à tel point que l'eau prend feu !*
*Source : le documentaire "Gasland" de Josh Fox (USA, 2010)
Le "fracking" est considéré comme une forme d'exploitation non-conventionnelle, et son l'utilisation risque d'amener les GES à un niveau plus dangereux encore.

CHAPITRE VII

Des énergies renouvelables

Alors comment faire pour avoir de l'énergie sans produire de GES ?
Ca veut dire "Gaz à Effet de Serre" !
Et si on utilisait la force du vent ?
Ah, des éoliennes !
Des moulins à vent modernes !
Le vent se renouvèle sans cesse.
Il nous donne de l'électricité sans GES !
On dirait des danseurs ...
On dirait des anges du vent ...
Eoliennes, je vous aime !

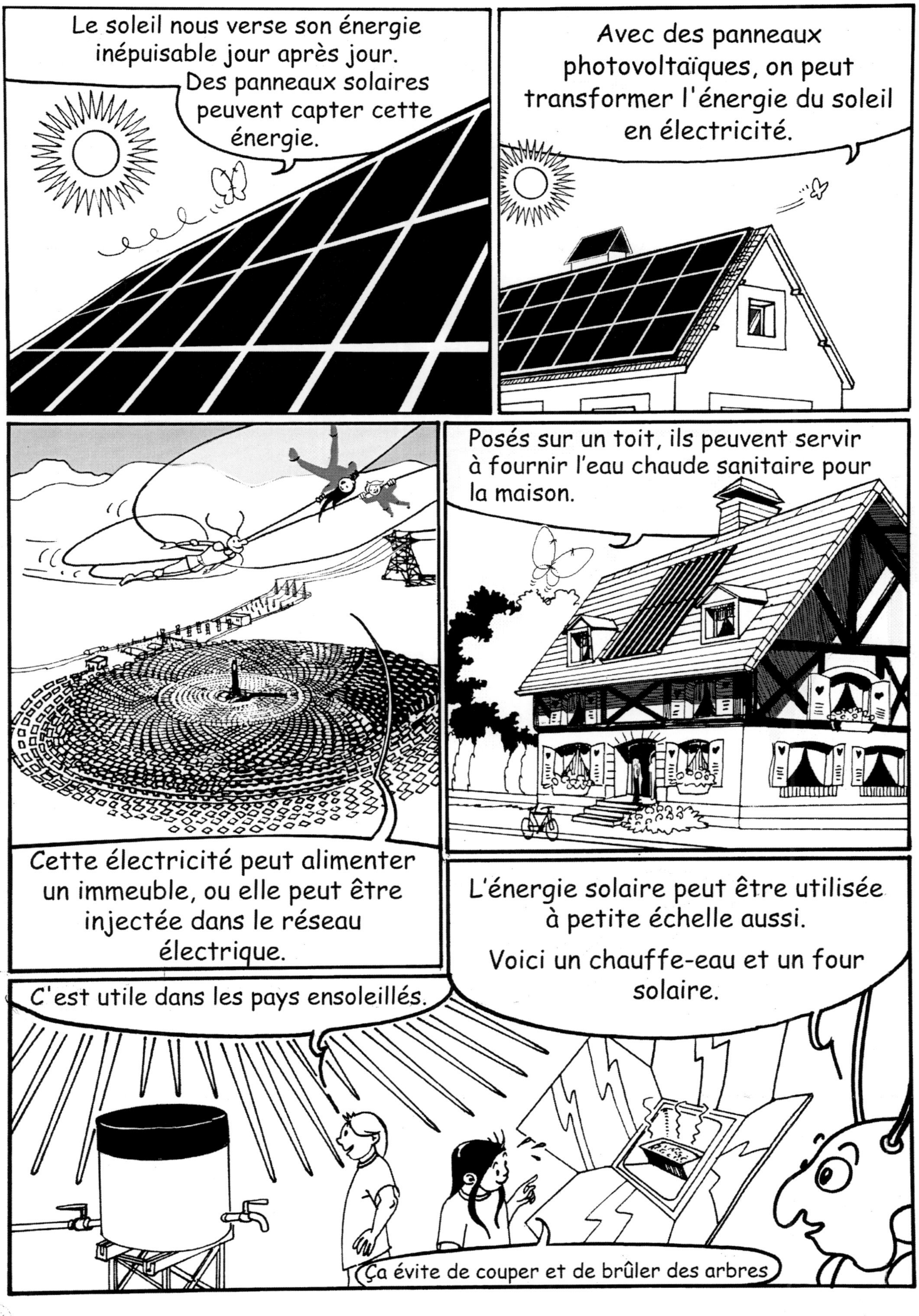
Le soleil nous verse son énergie inépuisable jour après jour.
Des panneaux solaires peuvent capter cette énergie.
Avec des panneaux photovoltaïques, on peut transformer l'énergie du soleil en électricité.
Cette électricité peut alimenter un immeuble, ou elle peut être injectée dans le réseau électrique.
Posés sur un toit, ils peuvent servir à fournir l'eau chaude sanitaire pour la maison.
C'est utile dans les pays ensoleillés.
L'énergie solaire peut être utilisée à petite échelle aussi.
Voici un chauffe-eau et un four solaire.
Ça évite de couper et de brûler des arbres

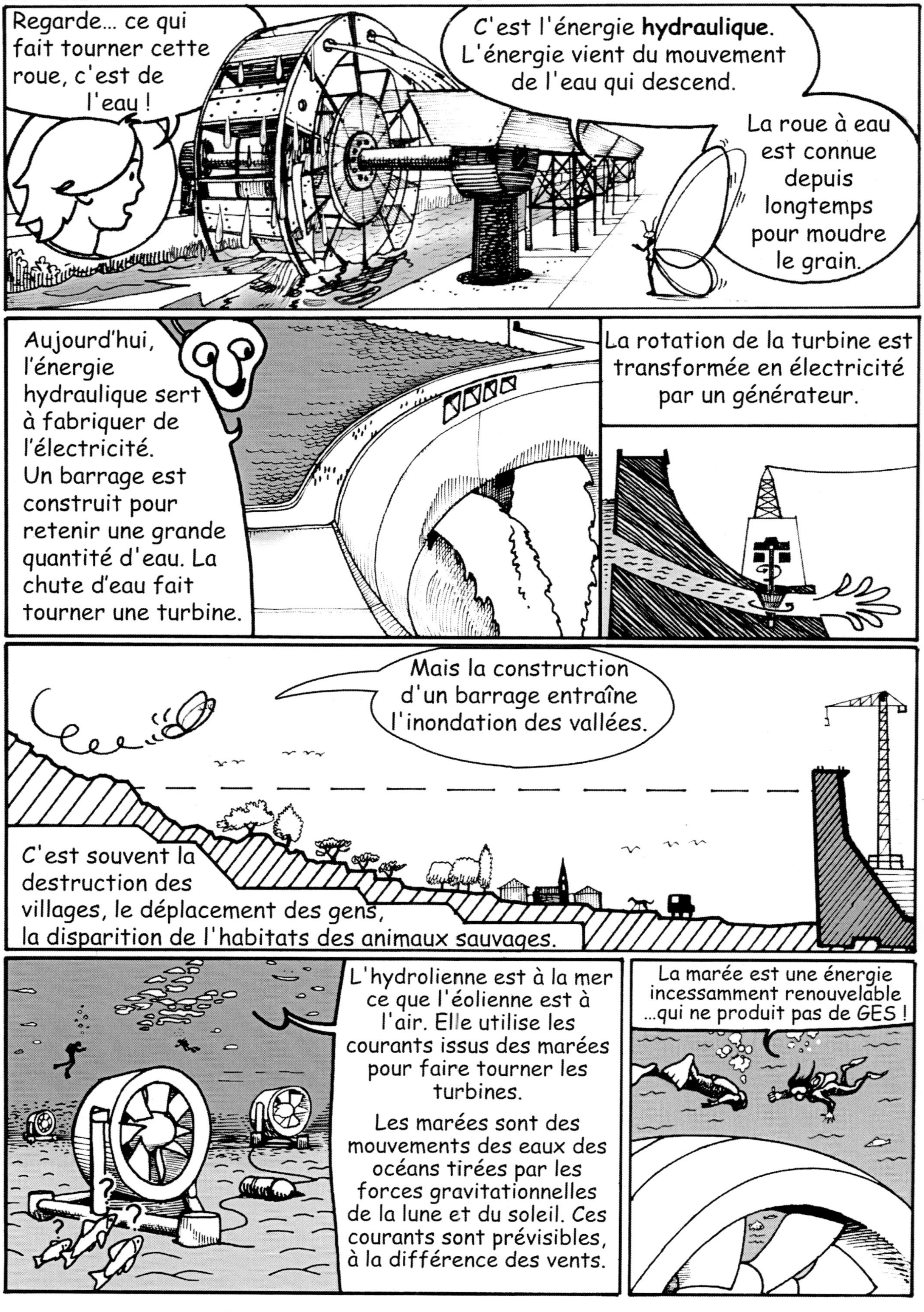
Regarde... ce qui fait tourner cette roue, c'est de l'eau !
C'est l'énergie **hydraulique**. L'énergie vient du mouvement de l'eau qui descend.
La roue à eau est connue depuis longtemps pour moudre le grain.
Aujourd'hui, l'énergie hydraulique sert à fabriquer de l'électricité. Un barrage est construit pour retenir une grande quantité d'eau. La chute d'eau fait tourner une turbine.
La rotation de la turbine est transformée en électricité par un générateur.
Mais la construction d'un barrage entraîne l'inondation des vallées.
C'est souvent la destruction des villages, le déplacement des gens, la disparition de l'habitats des animaux sauvages.
L'hydrolienne est à la mer ce que l'éolienne est à l'air. Elle utilise les courants issus des marées pour faire tourner les turbines.
Les marées sont des mouvements des eaux des océans tirées par les forces gravitationnelles de la lune et du soleil. Ces courants sont prévisibles, à la différence des vents.
La marée est une énergie incessamment renouvelable ...qui ne produit pas de GES !

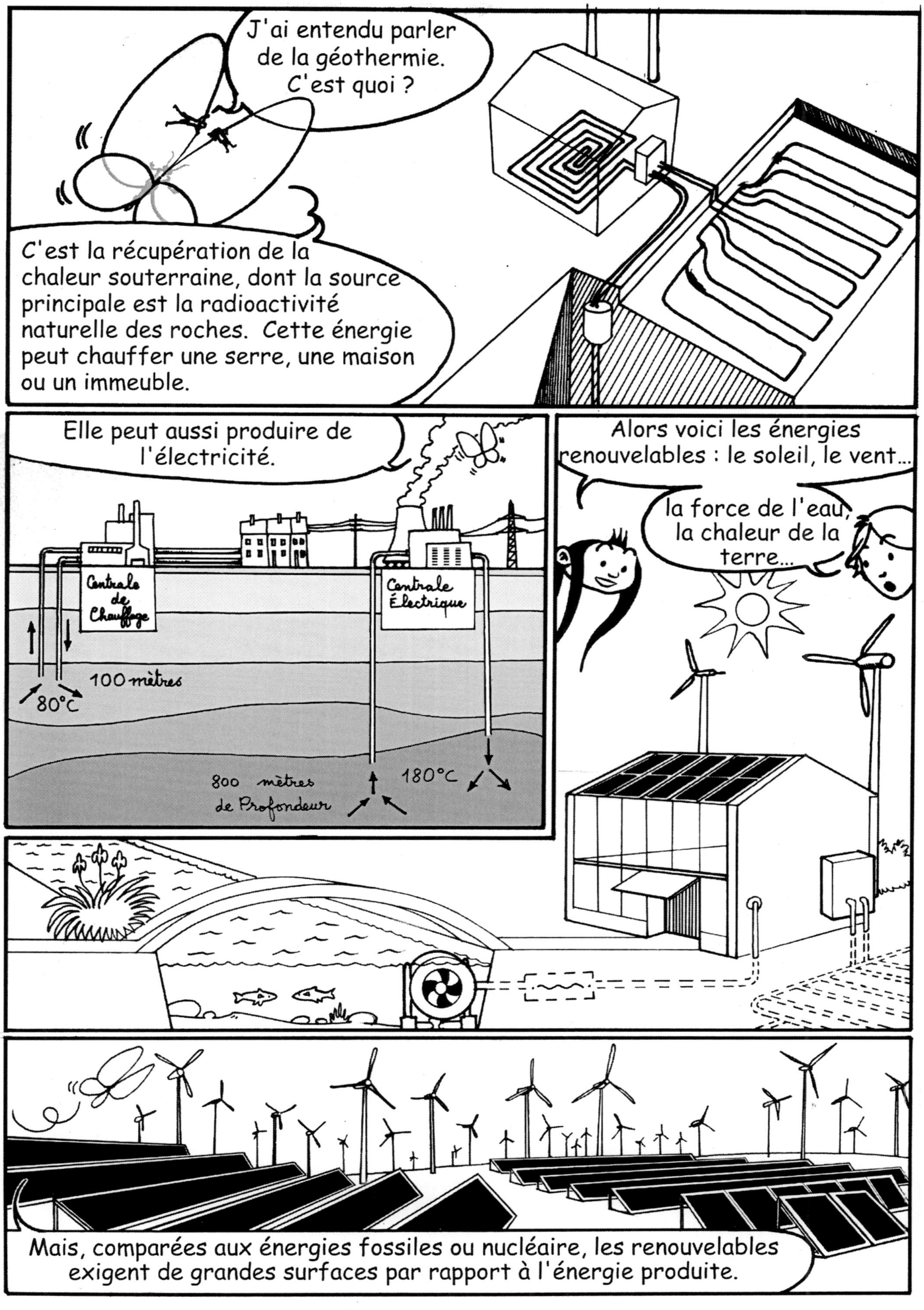
J'ai entendu parler de la géothermie. C'est quoi ?
C'est la récupération de la chaleur souterraine, dont la source principale est la radioactivité naturelle des roches. Cette énergie peut chauffer une serre, une maison ou un immeuble.
Elle peut aussi produire de l'électricité.
Centrale de Chauffage
Centrale Électrique
100 mètres
80°C
180°C
800 mètres de Profondeur
Alors voici les énergies renouvelables : le soleil, le vent...
la force de l'eau, la chaleur de la terre...
Mais, comparées aux énergies fossiles ou nucléaire, les renouvelables exigent de grandes surfaces par rapport à l'énergie produite.

Le soleil ne brille pas la nuit, et le vent ne souffle pas tous les jours.
Aujourd'hui, au niveau mondial, les combustibles fossiles représentent plus de trois quarts de la consommation en énergie .
Gaz naturel 26%
Pétrole 37%
Charbon 20%
Nucléaire 8%
Énergies Renouvelables 9%
Les énergies renouvelables comptent pour très peu.
Et la demande en énergie va en augmentant.
La population mondiale grandit. Les gens cherchent à améliorer leur vie.
Une personne sur 7 n'a pas l'électricité et en réclame. Celui qui a un vélo souhaite une moto. Celui qui a une moto souhaite avoir une voiture.
Messieurs-dames, vous avez demandé beaucoup d'énergie. Voici la facture.
Oh là, c'est cher!
Qu'en penses-tu, Madé ? C'est très cher, non ?
FACTURE
Je n'en sais rien.
L'argent c'est un truc humain.
Enfin, a-t-on besoin de se déplacer autant ? D'acheter tant de choses ... ?
Si on vivait avec beaucoup moins d'énergie ... ?

...comme dans les siècles passés ...?
Mieux vaut vivre à la bougie...
...qu'inondés et affamés, n'est-ce pas ?
Sans pétrole, on n'aurait pas de voitures.
Sans kérosène, pas d'avions.
Je ne sais pas monter à cheval.
Moi je l'ai fait une fois. Je t'apprendrai.
Elodie, as-tu lavé le linge ?
Hugo, tu n'as pas encore fait le savon !
J'ai pas eu le temps, j'ai dû réparer la pompe et récupérer le cheval qui s'est enfui.
Qu'est-ce qu'on va manger ce soir ?
Des patates et des choux, comme tous les jours. Ne me dis pas que tu veux une orange !
Hein? Qu'est-ce que tu dis ? Tu es qui toi ?
Je suis un atome. Je veux te parler de l'énergie nucléaire.
Elle n'émet pas de CO2, tu le savais ?

CHAPITRE VIII

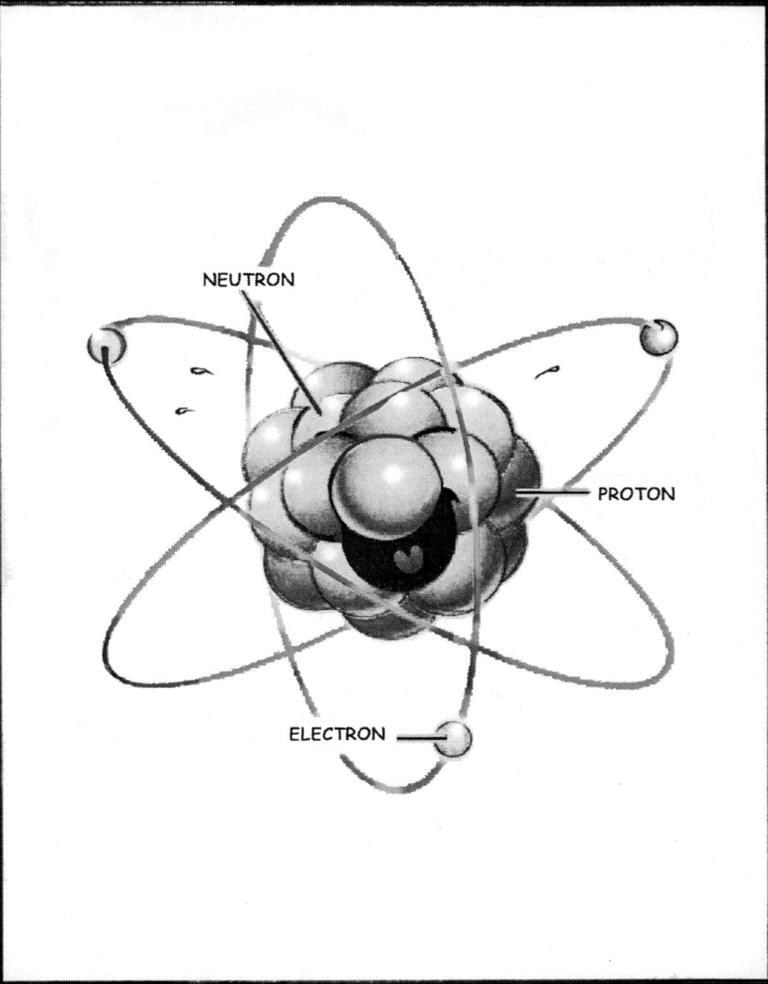

Et l'énergie des atomes ?

NEIN DANKE
NON MERCI
NO THANKS
Ah non ! Le nucléaire c'est trop dangereux !
C'est quoi ces petits trucs?
Bonjour. Nous sommes les atomes.
Nous sommes partout.
Toute matière est composée de nous.
J'ai entendu parler de vous, mais je ne vous ai jamais vus.
C'est qu'on est trop petits.
Mais aujourd'hui c'est une journée magique. Tu peux nous voir.
Nos cœurs sont formés de particules nommées **protons** et **neutrons**.
92U
atome d'uranium
Quels sont ces lettres et ces chiffres ?
Chacun de nous a son symbole et son numéro atomique unique.
Il correspond au nombre de nos protons.
Moi par exemple c'est 1 car mon cœur est formé d'un seul proton.
1H
atome d'hydrogène
Moi j'ai 2 protons et 2 neutrons.
Mon numéro atomique est 2.
Mais mon **poids atomique** est 4 (2 + 2).
2He
atome d'hélium
Et c'est quoi les petits points qui tournent autour de vous ?
Ce sont nos **électrons**.
Retirez-vous maintenant, électrons, cette conversation ne vous concerne pas.

Attends un peu. Je suis en train de lire "Quelques mots sur l'énergie nucléaire" dans l'Annexe A à la fin de ce livre...
Ca y est, j'ai tout compris ! Enfin, presque.
Et toi tu es quel atome ?
CLAP !
Je suis l'atome d'uranium. J'ai 92 protons ... et beaucoup de neutrons.
92U
On dirait que j'ai le cœur lourd.
J'en suis désolée. Prends ce mouchoir.
Ce n'est rien. (snif) Merci.
92U
Mes grands frères l'uranium, le thorium et le plutonium pourraient vous aider à résoudre votre problème d'énergie !
92U
1H
92U
Les enfants, venez voir notre travail !
Tes frères s'amusent bien.
Ils s'éclatent !
92U

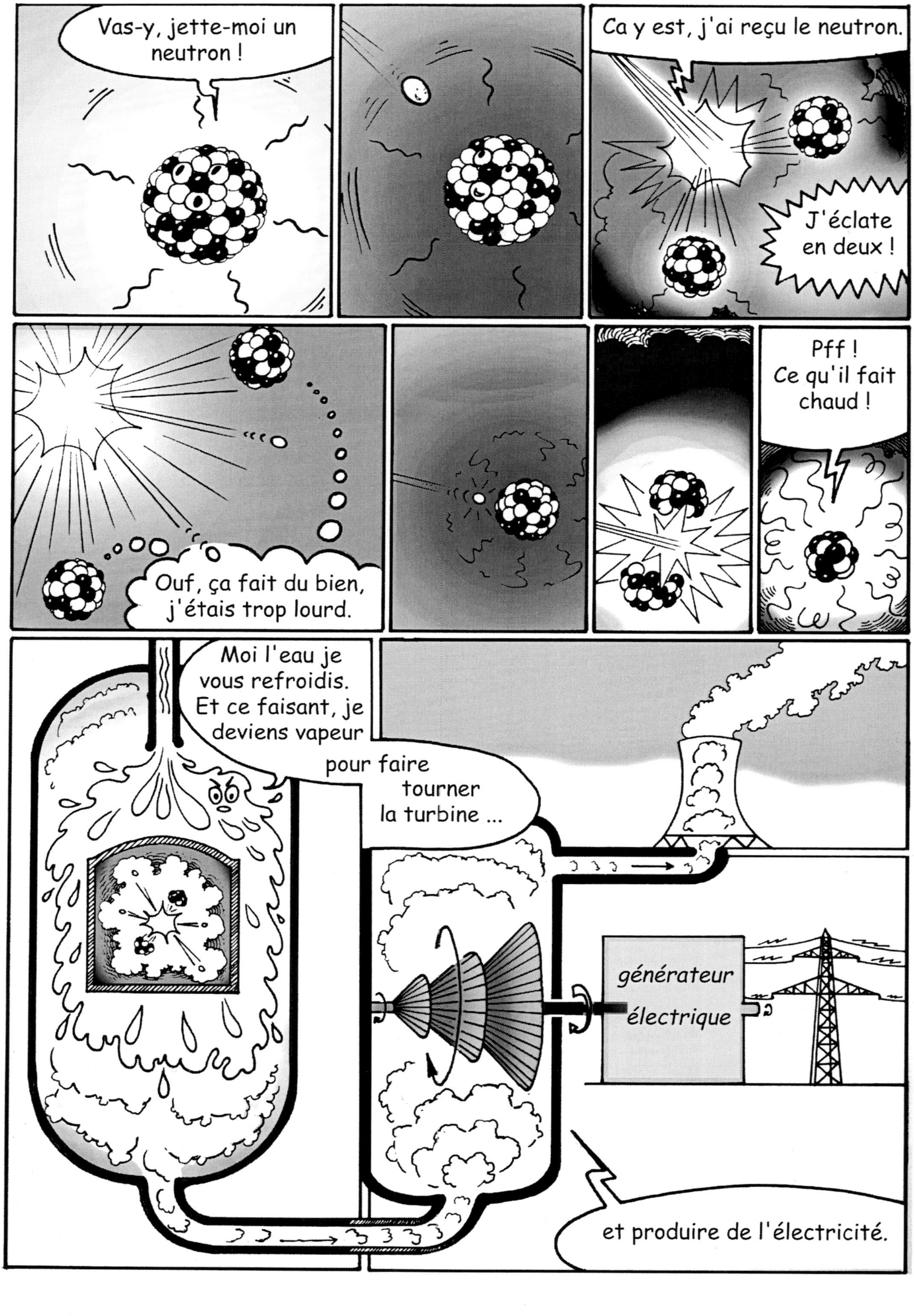
Vas-y, jette-moi un neutron !
Ca y est, j'ai reçu le neutron.
J'éclate en deux !
Ouf, ça fait du bien, j'étais trop lourd.
Pff ! Ce qu'il fait chaud !
Moi l'eau je vous refroidis. Et ce faisant, je deviens vapeur
pour faire tourner la turbine ...
générateur électrique
et produire de l'électricité.

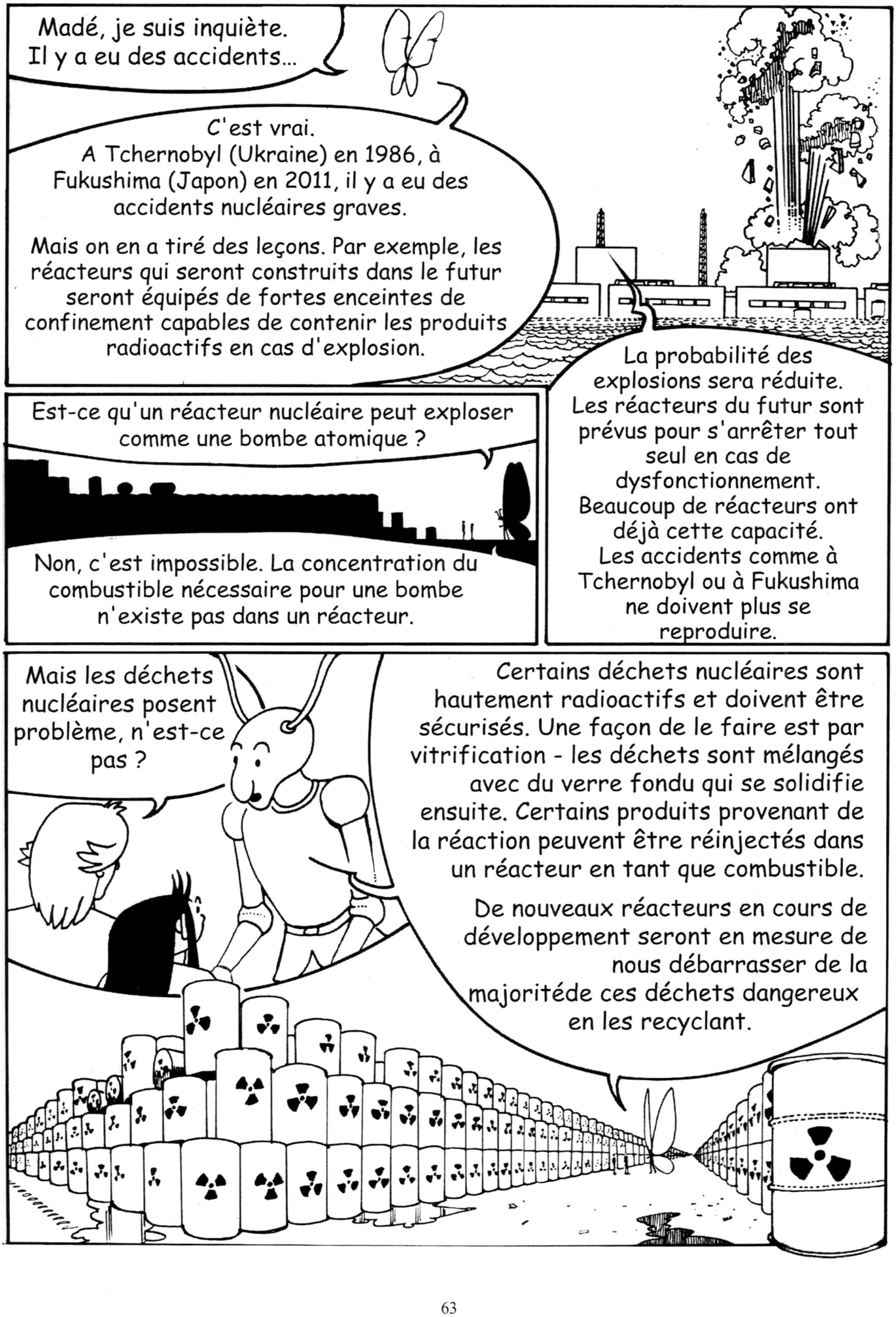
Madé, je suis inquiète. Il y a eu des accidents...
C'est vrai. A Tchernobyl (Ukraine) en 1986, à Fukushima (Japon) en 2011, il y a eu des accidents nucléaires graves.
Mais on en a tiré des leçons. Par exemple, les réacteurs qui seront construits dans le futur seront équipés de fortes enceintes de confinement capables de contenir les produits radioactifs en cas d'explosion.
La probabilité des explosions sera réduite. Les réacteurs du futur sont prévus pour s'arrêter tout seul en cas de dysfonctionnement. Beaucoup de réacteurs ont déjà cette capacité. Les accidents comme à Tchernobyl ou à Fukushima ne doivent plus se reproduire.
Est-ce qu'un réacteur nucléaire peut exploser comme une bombe atomique ?
Non, c'est impossible. La concentration du combustible nécessaire pour une bombe n'existe pas dans un réacteur.
Mais les déchets nucléaires posent problème, n'est-ce pas ?
Certains déchets nucléaires sont hautement radioactifs et doivent être sécurisés. Une façon de le faire est par vitrification - les déchets sont mélangés avec du verre fondu qui se solidifie ensuite. Certains produits provenant de la réaction peuvent être réinjectés dans un réacteur en tant que combustible.
De nouveaux réacteurs en cours de développement seront en mesure de nous débarrasser de la majoritéde ces déchets dangereux en les recyclant.

Nous voulons travailler pour vous, tous les enfants de la terre.
Et pour vos amis les adultes.
90Th
92U
94Pu
Notre énergie est à votre service !
Mais vous avez fait des bombes...
Des armes terribles ! Nous en avons honte.
Jamais plus ! Notre souhait désormais est de fournir de l'énergie pour vous aider à vivre mieux.
De l'électricité pour vos ordinateurs et vos machines à laver et vos lampes...
...et encore pour vos voitures et vos trains électriques.
90Th
92U
94Pu
Hmm... Entre les atomes, le pétrole, le charbon, le gaz...
...le soleil, le vent, les marées...
Comment savoir quelles énergies peuvent nous aider ?
Qu'est-ce que tu en penses, Hugo? Ces atomes sont-ils nos amis, ou pas ?
Et si vous les jugiez toutes dans un grand tribunal ?
Oui ! Avec des témoins pour et contre !
Ce procès pourrait se dérouler un peu comme dans la scène "Les Energies Jugées" dans l'Annexe B à la fin de ce livre.
Ouais ! Cool !

CHAPITRE IX

Préservons la Planète

Mis à part le problème des énergies, il va falloir nourrir 7 milliards d'hommes, de femmes...
...et d'enfants...
...et il faudra de l'eau pour tout le monde.
Il faudra les matériaux pour fabriquer toutes les choses dont on a besoin...
... ou pas besoin...
...pour de plus en plus de monde...
... sur une planète qui ne grandit pas.
Il faudra partager cette planète avec l'ensemble de ses habitants...
les oiseaux...
les ours...
les éléphants...
les tigres...
les tortues...
...et les papillons !
les rhinocéros...
les dauphins...
les poissons...

Hugo, Elodie, et toi qui lis ce livre - je ne connais pas ton prénom - : vous êtes jeunes et courageux. Qu'allez-vous faire face à ces problèmes ?
Moi j'évite le gaspillage.
Dans les pays riches, 40% de la nourriture est gaspillé !
Moi je recycle.
Le tri sélectif des déchets permet de réutiliser le verre, le papier, les plastiques et les métaux.
Je ne m'amuserai plus à acheter de l'inutile.
Moi non plus. Je m'amuserai à taquiner ma sœur.
Arrête !

La production de viande est gaspilleuse d'énergie, d'eau et de surface agricole. Un boeuf fournit de la viande pour 1 500 repas mais les céréales qu'il a mangées auraient pu servir 18 000 repas.

Il faut 15 000 litres d'eau pour faire 1 kg de viande de boeuf mais 800 litres d'eau pour 1 kg de blé.

La déforestation induite par l'élevage est une cause principale de la destruction des forêts tropicales et du changement climatique.

* Et il réduit la vie des vêtements.

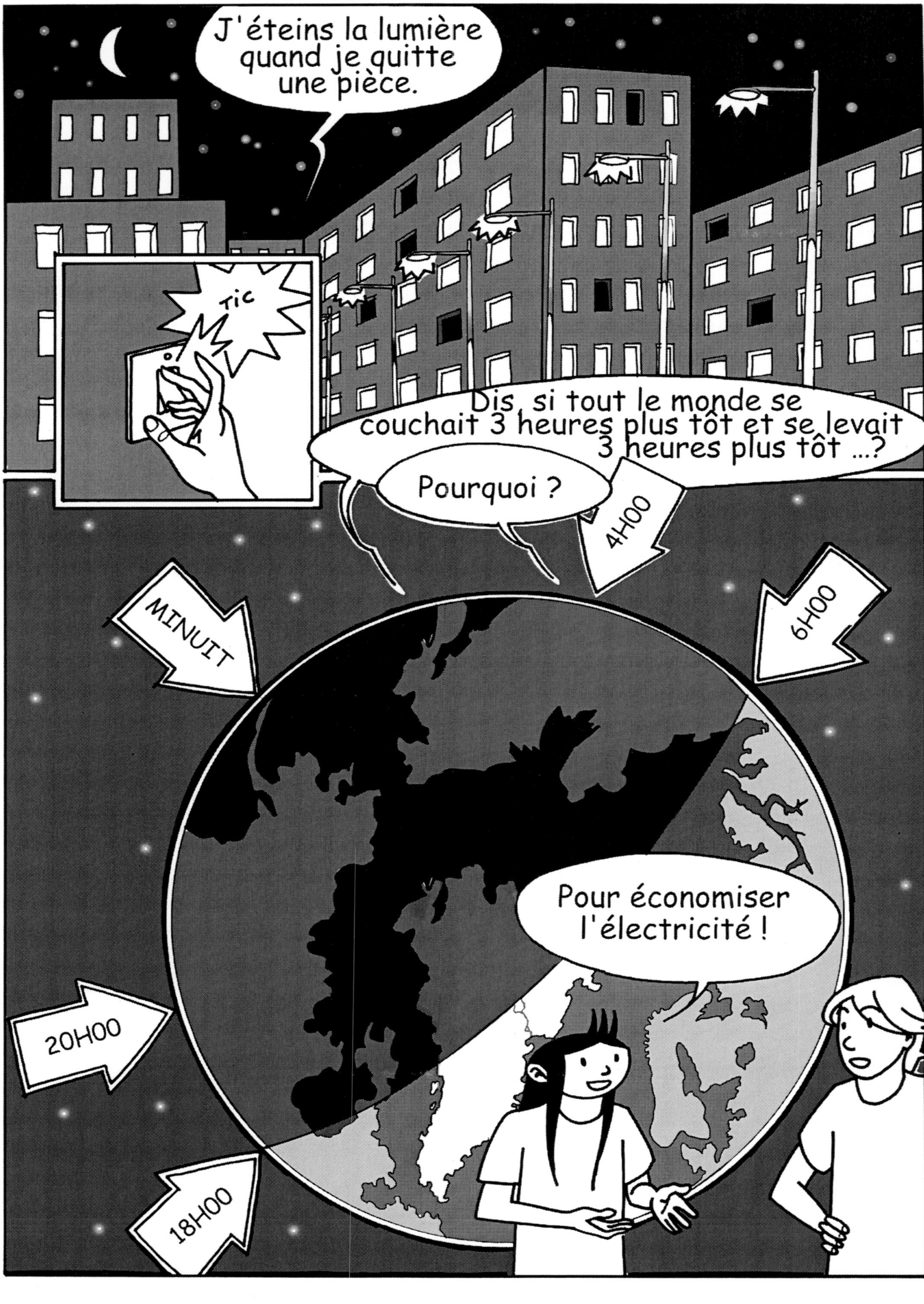
J'éteins la lumière quand je quitte une pièce.
TIC
Dis, si tout le monde se couchait 3 heures plus tôt et se levait 3 heures plus tôt ...?
Pourquoi ?
4H00
MINUIT
6H00
Pour économiser l'électricité !
20H00
18H00

On éclaire nos maisons entre le coucher du soleil et l'heure où l'on se couche. Quand on se lève, le soleil brille déjà depuis plusieurs heures. On ne profite pas de cet éclairage naturel.
Mais on pourrait en profiter en partageant nos heures de sommeil à égalité autour de minuit !
Je comprends. Je dors 10 heures : si je me couche à 19h et je me lève à 5 heures, j'ai mon compte de sommeil...
Et tu brûles moins d'électricité !
Mais qu'est-ce que je vais faire entre 5h quand je me lève et 8h quand je vais à l'école ?
C'est simple : l'école commence 3 heures plus tôt !
Et nous sortons de l'école plus tôt.
Et pour les adultes ?
Les bureaux, les commerces, tout commence plus tôt et finit plus tôt. Les gens vont vite s'y habituer.
Génial ! C'est une économie d'énergie qui ne coûte absolument rien !

Pour isoler une maison, utiliser les matériaux de construction qui permettent de limiter les pertes d'énergie. Les fenêtres doivent être équipées de doubles vitrages.

CHAPITRE X

Une Révolution dans les esprits

Madé, nos parents vont s'inquiéter de nous !
Non, ils ne sont pas inquiets. Je vous ramène. Mais d'abord...
J'ai quelque chose à vous montrer.
Venez, nous allons aux Etats-Unis.
Regardez tous ces enfants !
Qu'est-ce qu'ils font ?
MY ENVIRONMENT
i MATTER
Salut Hugo! Salut Elodie!
i MATTER MARCH
Salut ! Tu nous connais ?!?
Vous êtes des nôtres. Et aujourd'hui c'est une journée magique.
Je suis Alec.
Alec a fondé notre association d'enfants et d'ados contre le changement climatique.
i MATTER
MARCH

Voici mes amis: Jaime* Lynn, Hallie, Nelson, Glori Dei, Akilah.
*(prononcer djémi)
Enchantés !
J'ai grandi à Los Angeles en Californie. La pollution de l'air a rendu beaucoup d'enfants asthmatiques.
ATTER
Quand j'avais 12 ans, j'ai vu le documentaire *Une Vérité qui Dérange** d'Al Gore.
*An Inconvenient Truth
UNE VERITE QUI DERANGE
Le combat d'Al Gore contre le réchauffement de la planète
Quand j'ai réalisé que je devais grandir dans un monde où les ouragans comme Katrina, les inondations, les sécheresses et les feux de forêt seraient normaux, j'ai eu peur.
Je ne voulais pas que les mers montantes obligent des millions de gens à abandonner leur foyer.
Je ne voulais pas que des espèces d'animaux que je connaissais, disparaissent.
Alors j'ai créé *Kids vs Global Warming* *. J'avais 13 ans.
*Les enfants contre le réchauffement climatique
Woaw ! Super !
Que dit votre banderole ?
«i Matter» signifie: Moi je compte !

Moi je compte ! Moi je compte !
Nous sommes là et nous comptons !
Les générations de nos parents et de nos grands-parents ont créé un monde dépendant des combustibles fossiles comme le charbon et le pétrole.
Ils n'en ont pas compris les conséquences.
Mais nous, aujourd'hui, on a compris.
Notre futur, ça compte !
J'adore ta danse, Jaime.
Je danse la danse des cerceaux, c'est mon grand-père qui me l'a apprise. Nous sommes de la tribu des Navajo. Ma maison se trouve dans une réserve en Arizona.
J'aime les animaux.
J'aime les aigles qui volent autour de ma maison quelquefois.
Nous n'avons pas beaucoup d'eau.
Vivre sans eau, c'est dur pour nous et pour les animaux.
Chez nous, en été, il fait chaud !

Mon grand-père m'a dit...
Autrefois nous pouvions traverser le désert en avançant de source en source, mais aujourd'hui les sources s'assèchent.
Vous avez quand même l'eau courante dans votre maison? L'Amérique est riche !
Non, chez nous il faut faire venir l'eau dans des bidons.
75¢ for 50 Gallons
WATER
J'ai été triste le jour où il a fallu vendre mon cheval, William.
Il était devenu trop difficile d'apporter l'eau dont il avait besoin.
Ma mère m'a parlé du changement climatique.
Elle m'a dit que, lorsqu'il fait trop chaud, l'eau s'assèche.
Moi, Nelson, je suis membre de la tribu eskimo Yupik.
Nous habitons l'Alaska.
Là aussi, nous connaissons déjà les effets du changement climatique.

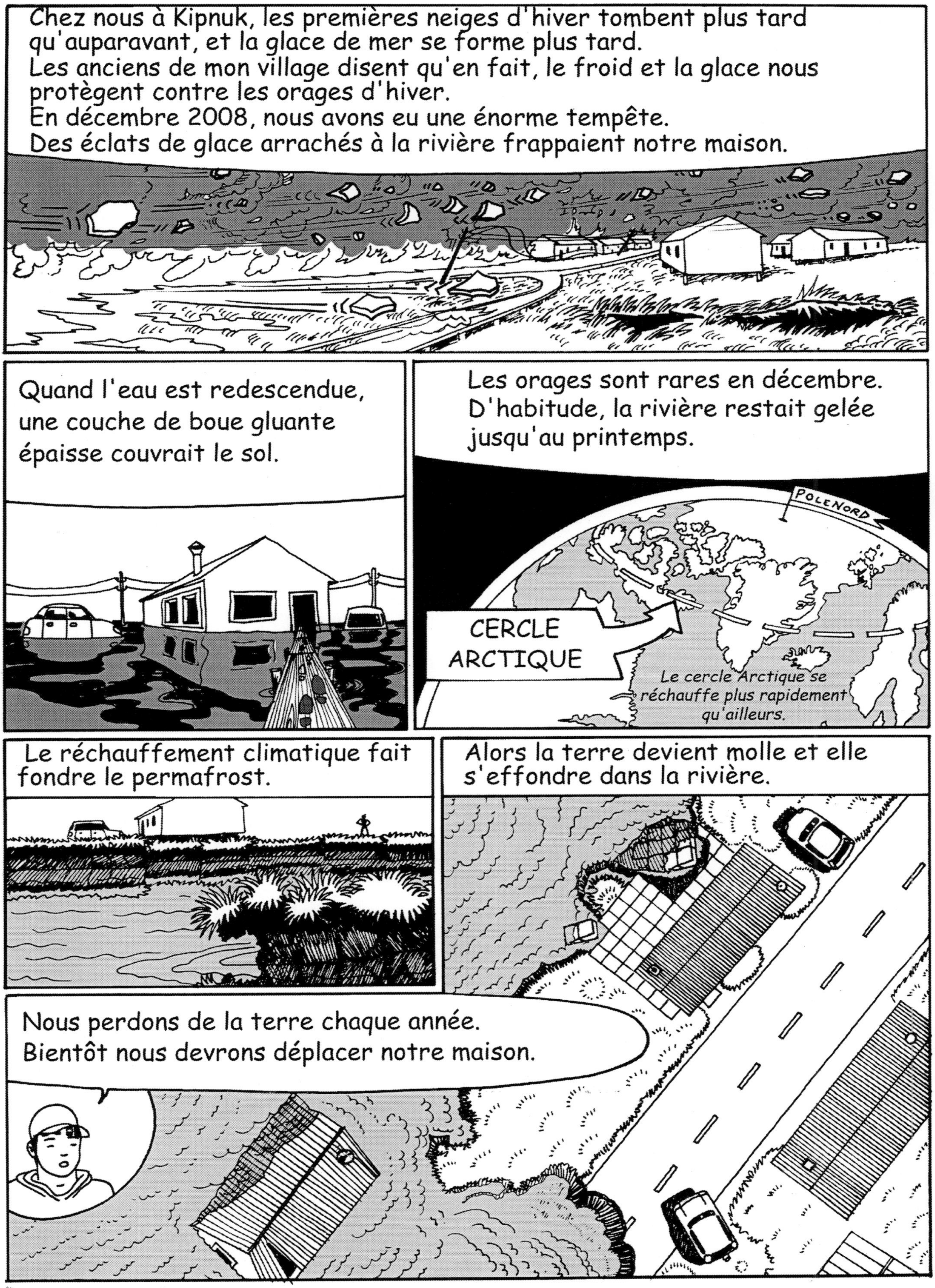
Chez nous à Kipnuk, les premières neiges d'hiver tombent plus tard qu'auparavant, et la glace de mer se forme plus tard.
Les anciens de mon village disent qu'en fait, le froid et la glace nous protègent contre les orages d'hiver.
En décembre 2008, nous avons eu une énorme tempête.
Des éclats de glace arrachés à la rivière frappaient notre maison.
Quand l'eau est redescendue, une couche de boue gluante épaisse couvrait le sol.
Les orages sont rares en décembre. D'habitude, la rivière restait gelée jusqu'au printemps.
POLE NORD
CERCLE ARCTIQUE
Le cercle Arctique se réchauffe plus rapidement qu'ailleurs.
Le réchauffement climatique fait fondre le permafrost.
Alors la terre devient molle et elle s'effondre dans la rivière.
Nous perdons de la terre chaque année.
Bientôt nous devrons déplacer notre maison.

Je suis Glori Dei. Chez nous dans l'Iowa, il y a d'énormes inondations. Elles peuvent détruire des récoltes ou empêcher les fermiers d'arriver au marché.
J'ai vu un lac si pollué que les poissons morts flottaient sur l'eau au lieu de nager dedans.
ONE WAY
Je m'appelle Hallie. J'ai 10 ans, j'habite la Caroline du Nord.
Le livre *Une vérité qui dérange* d'Al Gore m'a ouvert les yeux sur la gravité du changement climatique. Tout de suite j'ai voulu m'engager.
Je me suis mise à en apprendre plus. J'ai été consternée par le fait que, malgré l'énormité du problème, si peu de gens étaient au courant. Certains niaient son existence !!! J'ai cherché à savoir comment m'engager. J'aime écrire. J'ai écrit plusieurs blogs pour le réseau iMatter.
J'ai fait des recherches sur internet. J'ai lu des livres. J'ai préparé un exposé. Je l'ai montré dans les lycées.
Peu à peu des portes s'ouvraient à moi. J'ai rencontré des scientifiques et des hommes politiques. Le célèbre climatologue James Hansen m'a encouragé.
Nous pourrions stabiliser le climat d'ici la fin du siècle si nous réduisons nos émissions de CO2 de 6% par an. Il faut juste que les gouvernements fassent leur travail, qui est de protéger les droits de leurs citoyens.
Malheureusement, les gouvernements du monde semblent trop sous l'influence de l'industrie des combustibles fossiles.

J'ai parlé à des centaines de milliers de gens. J'ai compris la difficulté d'effectuer des changements...
...face à la résistance des entreprises de combustibles fossiles. Le gouvernement ne faisait rien pour limiter les émissions de GES. Je me décourageais.
Puis j'ai rencontré Mary Woods, une juriste qui affirme que le gouvernement est responsable de la sauvegarde du patrimoine écologique pour les générations futures.
Le patrimoine écologique ?
Le gouvernement des USA est obligé de protéger certaines ressources naturelles. C'est ce qu'on appelle le patrimoine écologique (*Public Trust*). Pour nous, l'atmosphère doit faire partie de ce patrimoine.
Alors j'ai pris la tête d'une action juridique contre le gouvernement pour exiger un plan global pour le rétablissement du climat.
Et nous avons recruté des jeunes militants des 50 Etats du pays pour porter plainte chacun dans son Etat.
Qu'est-ce que vous demandez ?
Des scientifiques estiment qu'une réduction de 6% des émissions de CO_2 par an associée au reboisement massif pourra rétablir l'équilibre dans notre atmosphère au cours de ce siècle.
C'est ce que nous exigeons.
Moi j'écris des lettres au Président Obama.
Monsieur le Président Obama, Bonjour. Je ne sais pas si vous vous souvenez de moi, je m'appelle Jaime Lynn Butler.

Je vous ai écrit à propos d'un refuge pour la faune sauvage dans l'Arctique, et sur les marées noires.
Et vous m'avez répondu.
Je m'inquiète pour tous les animaux, les ours polaires et les méduses.
Je vous envoie une vidéo qui montre comment le changement climatique m'affecte et comment il affecte l'Etat d'Arizona.
Il t'a répondu ?
Oui, après ma sixième lettre, il m'a écrit, "Ta génération va jouer un rôle important face aux défis du 21e siècle.
Ne lâche pas.
Tu peux accomplir de grandes choses et aider les autres à faire de même."
C'est encourageant.
Je suis devenue végétarienne.
Et je mange les aliments cultivés localement pour réduire les émissions carboniques dues au transports.
J'ai porté plainte contre le gouvernement de mon Etat l'Iowa pour le contraindre à agir pour sauvegarder l'environnement pour moi et ma génération.
Moi, j'ai déposé une plainte contre l'état d'Alaska. J'ai dit que l'atmosphère faisait partie du patrimoine écologique et que l'Etat devait la protéger. Le tribunal a rejeté l'action mais nous faisons appel.
Je fais partie également de l'action en justice contre le gouvernement, en tant que membre de Kids vs Global Warming.

J'ai rencontré le Maire de ma ville, Mme Nancy McFarlane. Je lui ai demandé de soutenir un Sommet Présidentiel sur le Climat.
Je lui ai montré une longue liste d'autres élus et d'entrepreneurs qui avaient signé une lettre de soutien.
Ca l'a impressionnée! Elle a trouvé l'implication de la jeunesse "cool" et elle a signé en soutien au Sommet.
Lettre de Soutien Sommet Présidentiel CLIMAT
Je suis si contente que mon maire se préoccupe de mon avenir.
J'espère que d'autres maires vont se joindre à nous et que d'autres enfants comme moi vont se faire entendre.
Peut-on voir cette lettre de soutien ?
On peut la signer ?
Moi, Akilah, j'ai déposé plainte contre mon Etat, le Nouveau Mexique, faisant valoir que l'atmosphère appartient à notre patrimoine écologique, dont l'Etat a la responsabilité.
Il doit le sauvegarder pour les générations futures.
J'ai demandé au tribunal d'ordonner la mise en place d'un projet pour restaurer la santé du climat. Et j'ai réussi !
Le juge a approuvé la poursuite du procès malgré les efforts de l'Etat pour le bloquer.
Bravo Akilah!

Je crois que le changement climatique est l'enjeu le plus important de ma génération...
...car mes enfants et les enfants de mes enfants pourraient grandir dans un monde où les sécheresses et les ouragans extrêmes seront normaux,
...et d'où les ours polaires, les phoques du Groenland, et les pingouins auraient disparu.
Je veux aider l'environnement et les animaux. J'espère que les enfants du futur auront de l'eau et des animaux.
Je pense que tout est interconnecté. Le ciel est le même ciel pour tous.
Si nous détruisons la Terre, nous ne pourrons pas recommencer.

La crise climatique concerne le droit de ma génération à un avenir. L'état du Nouveau Mexique est très fragile.
Nous avons connu d'énormes incendies et une sécheresse qui menace notre agriculture.
Je ne peux pas "attendre d'être plus grande" avant d'agir.
Nous pouvons changer notre manière de vivre. Cela nécessitera une révolution, qui doit être menée par la jeunesse. Notre futur en dépend.
« Every generation needs a new revolution »
Thomas Jefferson
3rd PRESIDENT
C'est notre révolution.
Ma génération ne sera pas intimidée par l'argent et le pouvoir. La science ne négociera pas, et nous non plus.
Nous sommes créatifs, engagés, passionnés. Nous avons le droit de regarder nos parents, nos dirigeants dans les yeux et de leur demander :
Est-ce que je compte pour vous ?

Nous le dirons au monde entier : contre le changement climatique, il n'est pas question ni d'argent ni de pouvoir ni de facilité.
Ce qui est en jeu c'est la survie de notre génération et de toutes les générations à venir.
Nous préparons une prochaine manifestation pour iMatter.
Les enfants, où que vous soyez, marchez avec nous !
Nous serons là !
Wake up, wake up before it's too late! Save the planet we appreciate! *
Oh la belle chanson !
Allons voir ...
*Réveillez-vous, réveillez-vous avant qu'il ne soit trop tard ! Sauvons la planète que nous aimons.

Chanter pour la planète, c'est cool.
Bienvenue, Elodie et Hugo ! Et toi Madéblanc !
Salut, Xiuhtexcatl*, mon ami, toi qui connais les esprits !
(*prononcer "chetêska")
i MATTER
Mon père est de tradition aztèque. Pour nous, la vie est sacrée et notre rapport avec la nature est essentiel.
Alors je comprends pourquoi tu milites contre le changement climatique. Où habites-tu ?
Dans le Colorado.
J'adore sortir dans la nature, explorer les rivières, les lacs, les forêts.
Ces belles forêts, je tiens à les conserver.
Tu est tellement jeune ! Tu milites depuis longtemps?
Depuis l'âge de 6 ans.
J'ai tout de suite compris comment le changement climatique allait changer ma vie, ma communauté, le monde.
Quand nous sortons dans les bois, c'est accablant. De vastes zones ont été ravagées par un petit insecte.
A cause du réchauffement, ces insectes survivent aux hivers et tuent beaucoup d'arbres.

Cet insecte se faufile sous l'écorce des pins pour y pondre ses œufs. Les larves et les jeunes insectes tuent l'arbre.
Les arbres morts et secs nourrissent les feux de forêt.
En 2010 un grand feu de forêt a détruit des centaines de maisons. J'ai des amis qui ont perdu leur foyer, leurs animaux, tout.
La perte des arbres est dure pour les oiseaux, les cerfs, les pumas.
Ces insectes ont dévasté certaines forêts en Amérique du Nord.
Cela se passe ici et maintenant. C'est la réalité.
Il est important que les gens le sachent. Il faut qu'on change notre manière de penser notre relation avec la Terre, et entre nous.
Nous, les enfants, donnons l'espoir à d'autres enfants.
Es-tu parmi les plaignants ?
Oui. Nous avons perdu dans le Colorado.
Mais nous n'allons pas arrêter !
Nous avons déposé une plainte au niveau national, à Washington.
Là nous avons parlé avec des délégués, ils nous ont écoutés.

La science est claire: nous devons réduire les émissions de CO2 rapidement si nous souhaitons protéger les systèmes naturels de la Terre pour ces jeunes.
JAMES HANSEN
Les adultes d'aujourd'hui jouissent des avantages des combustibles fossiles, mais les conséquences se feront sentir sur les jeunes et les générations futures.
Dans notre Etat du Colorado, nous devons lutter dur contre le *Fracking*.
Nous aussi !
Ah oui, la fracturation hydraulique !
Penn Sylvania
Mary Land
Texas
MONTANA
J'ai fait une vidéo sur le fracking. Voulez-vous la voir ?
Oui, s'il te plait !
Nous sommes convaincus que la fracturation hydraulique est une menace des plus graves contre notre avenir - aujourd'hui !

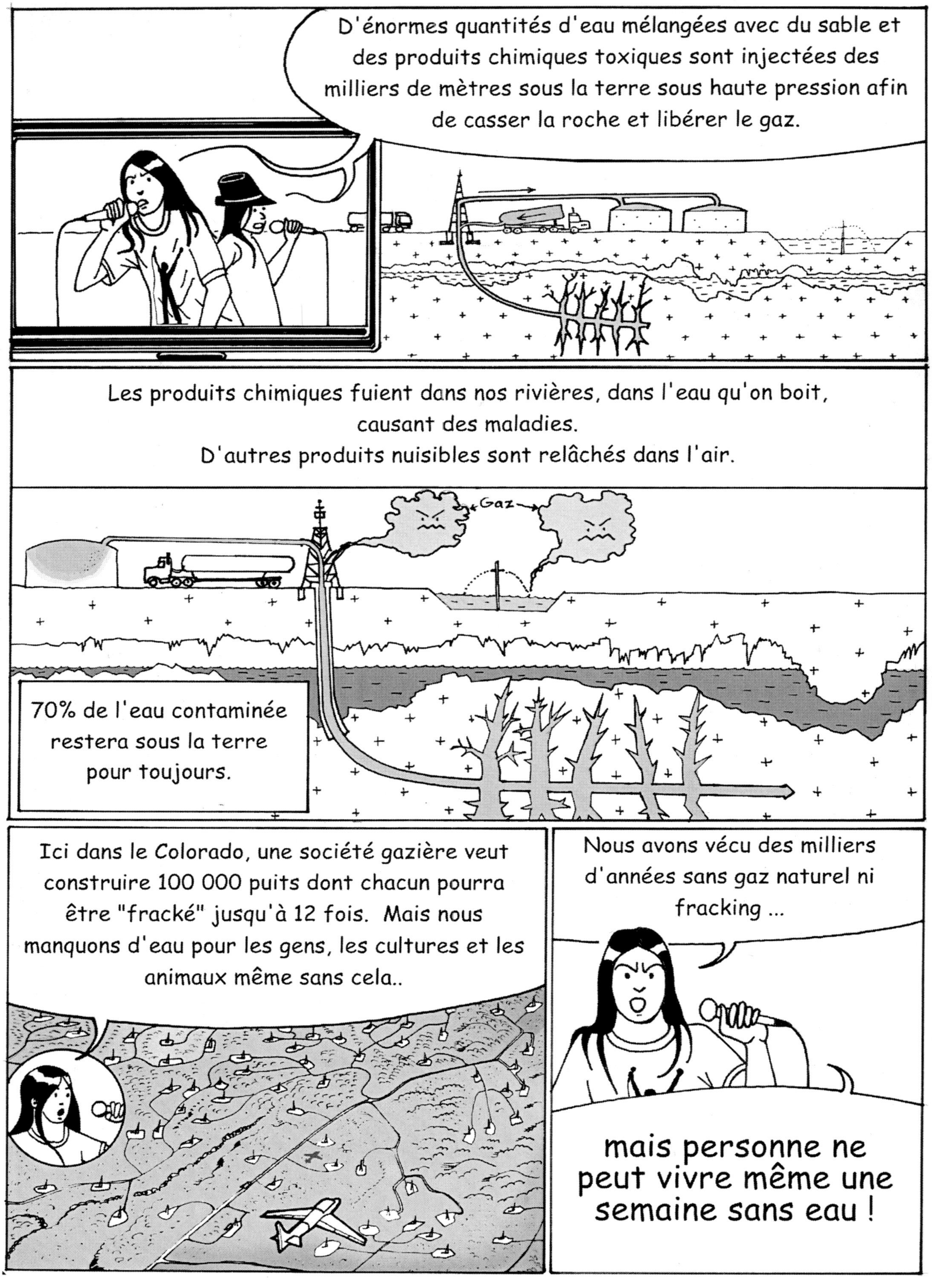
D'énormes quantités d'eau mélangées avec du sable et des produits chimiques toxiques sont injectées des milliers de mètres sous la terre sous haute pression afin de casser la roche et libérer le gaz.
Les produits chimiques fuient dans nos rivières, dans l'eau qu'on boit, causant des maladies.
D'autres produits nuisibles sont relâchés dans l'air.
Gaz
70% de l'eau contaminée restera sous la terre pour toujours.
Ici dans le Colorado, une société gazière veut construire 100 000 puits dont chacun pourra être "fracké" jusqu'à 12 fois. Mais nous manquons d'eau pour les gens, les cultures et les animaux même sans cela..
Nous avons vécu des milliers d'années sans gaz naturel ni fracking ...
mais personne ne peut vivre même une semaine sans eau !

Pour moi c'est une évidence: NO FRACKING.
Nous sommes de New York. On a écrit une chanson, "Save something for our children (Sauvez quelque chose pour nos enfants)." Ecoutez...
It's a global system, it's all connected. It's everybody's problem, as we suspected. *
So start a revolution, find a solution Or we're gonna end up buried in pollution. *
*C'est un système global, tout est connecté. C'est le problème de tous, comme on le soupçonnait...
* Faisons une révolution, trouvons la solution Ou nous finirons noyés dans la pollution.
It's scary enough to make a dead man shiver! *
* C'est assez effrayant pour faire trembler un mort.
Les paroles de la chanson figurent dans l'Annexe C.
i MATTER

i MATTER
Hop! sur mes ailes. Je vous ramène.
Au revoir, Elodie, Hugo. N'oubliez pas de manifester avec nous !
Nous serons là !
On mènera la lutte de notre côté ! A plus !
Les enfants, avez-vous terminé votre goûter ? Vous faites vos devoirs ?
Madé, combien de temps avons-nous été absents ?
Juste un quart d'heure dans le temps normal.
Oui, Maman, on fait nos devoirs...
Enfin... notre devoir.

Je veux en savoir plus!
Moi aussi !
Mes enfants, je dois vous quitter maintenant. Mon énergie magique s'épuise.
Madé ! Tu ne vas pas mourir ?!?
Non, je pars au loin pour me mêler aux autres esprits. Je rejoins les âmes des humains, des animaux et des plantes partis et à naître.
C'est un lieu qui est nulle part et partout.
Là, on partagera nos souvenirs et nos forces, avant de retomber comme une pluie goûte à goûte, âme à âme, dans l'océan de la vie.
Je vous fais un don de courage magique. Adieu !
Ne pleure pas, Elodie. L'esprit de Madé sera toujours avec nous.
J'appelle les copains !

SAUVONS LA PLANETE
SAUVONS LA PLANETE
EST CE QUE JE COMPTE POUR VOUS ?
NOTRE PLANÈTE
i MATTER
NOTRE AVENIR
Que réclamez vous ?
Une réduction rapide des émissions des GES.
L'exploitation des énergies sans carbone.
La stabilisation de la population humaine.
La non-exploitation du gaz de schiste et du pétrole bitumineux.
La protection de toutes les espèces animales sauvages.
La protection des forêts, des océans, des fleuves, des sols, de l'atmosphère.
La fin du gaspillage insensé.
Nous voulons sauver notre planète !
TF

Annexe A

QUELQUES MOTS SUR L'ÉNERGIE NUCLÉAIRE

ENFIN C'EST QUOI L'ÉNERGIE NUCLÉAIRE ?

Toute matière est composée d'**atomes**. Chaque atome a un **noyau** composé d'un certain nombre de **protons** et d'un certain nombre de **neutrons**. Les protons ont une charge électrique positive ; les neutrons n'ont pas de charge électrique. Autour du noyau circulent des électrons. Ce sont les **noyaux** des atomes qui nous intéressent pour l'énergie nucléaire.

Les **nucléons** (protons et neutrons) dans le noyau de l'atome se tiennent ensemble par une force extrêmement puissante, la **force nucléaire**. Si le noyau s'éclate, une partie de cette force est libérée sous forme de chaleur. C'est ce qui se passe dans le processus de **fission nucléaire**, qui est à la base de l'énergie nucléaire d'aujourd'hui.

Il existe aussi la **fusion nucléaire** où l'énergie est produite quand deux noyaux atomiques légers s'assemblent pour former un noyau plus lourd. Pourtant, cette technologie reste encore au stade de la recherche.

LES ÉLÉMENTS ET LES ISOTOPES

On nomme **éléments** les matières qui sont composées d'un seul type d'atome : c'est par exemple le cas du fer, de l'oxygène, du carbone... (La plupart des matières sont des mélanges d'éléments.) À chaque élément on donne un numéro correspondant au nombre de protons dans son noyau atomique. Ce **numéro atomique** est unique pour chaque élément.

Chaque élément a aussi son symbole, par exemple C pour le carbone, O pour oxygène. La **Table Périodique des Eléments** donne le numéro atomique et le symbole de chaque élément.

Voir par exemple, http://www.periodni.com/fr/

Le nombre de neutrons, par contre, peut varier pour un élément donné. On appelle ces variantes des **isotopes**. Les isotopes d'un élément sont identifiables par le nombre de nucléons (protons et neutrons) dans son noyau atomique.

LA RADIOACTIVITÉ

Certaines substances sont instables : elles se transforment toutes seules en d'autres isotopes du même élément ou en d'autres éléments. On dit qu'ils sont **radioactifs**. En se transformant, elles émettent des **rayons** de divers types. Certaines matières radioactives se trouvent dans la nature : dans des rochers, dans l'espace, dans nos aliments et même dans nos propres corps. Selon son type et son intensité, la radioactivité peut être nocive à notre santé (nous devons alors nous en protéger), anodine, ou utile, par exemple dans l'analyse et le traitement des maladies.

Les atomes de chaque substance radioactive se décomposent à un rythme fixe, qui peut être rapide ou lent. On désigne par le terme "**temps de demi-vie**" le temps au cours duquel la quantité de ces atomes radioactifs diminue de moitié. La demi-vie peut se mesurer en secondes ou jusqu'en centaines de millénaires.

L'ÉNERGIE NUCLÉAIRE PAR FISSION : LA RÉACTION EN CHAÎNE

Certains isotopes d'éléments sont **fissiles** : leur noyau peut éclater, en absorbant un neutron, donnant naissance à deux autres éléments et libérant quelques neutrons ainsi que beaucoup d'énergie. Cette transformation se nomme la **fission**. Si l'un des neutrons ainsi libérés frappe un autre noyau fissile, celui-ci peut éclater à son tour, relâchant d'autres neutrons, et ainsi de suite : c'est une **réaction en chaîne**. C'est ce qui se passe dans le cœur d'un réacteur. Là, la réaction en chaîne est maintenue à un niveau stable.

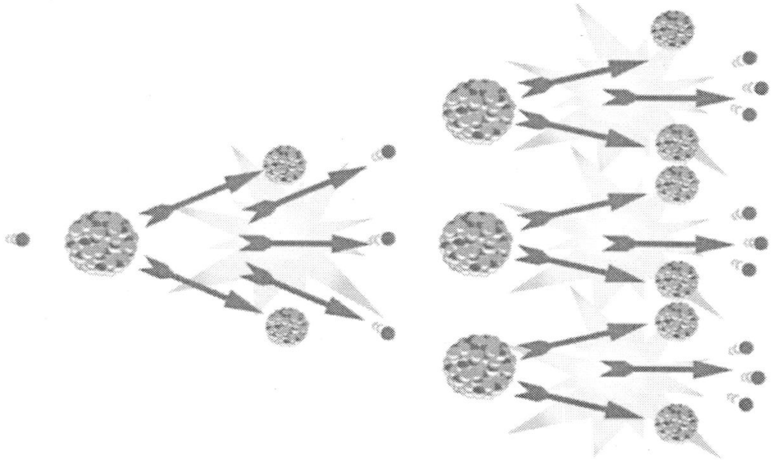

Une réaction en chaîne.
Source:
http://resources.hwb.wales.gov.uk/VTC/2008-09/science/irf08_48/Quiz/Chain-reaction.jpg

Lors de la fission, une partie de la masse du noyau est transformée en énergie sous forme de chaleur. On utilise cette chaleur en général pour produire de l'électricité. Mais elle pourrait servir directement pour chauffer des bâtiments, par exemple, ou pour transformer de l'eau de mer en eau potable.

L'élément **uranium**, sous la forme de son isotope 235 (U-235), est la seule matière fissile naturelle, d'où son utilisation comme combustible principal dans les réacteurs nucléaires d'aujourd'hui. D'autres matières fissiles sont créées dans les réacteurs au cours du processus de réaction.

L'énergie nucléaire est extrêmement efficace. Un gramme d'uranium 235 transformé par fission produit à peu près autant d'énergie que la combustion d'une tonne de pétrole !

LES DÉCHETS RADIOACTIFS

Certaines matières restantes à la fin du cycle de réaction nucléaire sont radioactives à des degrés divers et de durées variables. Certains de ces produits peuvent être réutilisés comme combustibles. Sinon, les matières hautement radioactives ou radioactives à longue durée sont vitrifiées (mélangées avec du verre) et stockées en surface ou en terre profonde.

UN RÉACTEUR NUCLÉAIRE A EAU PRESSURISÉE

Le réacteur à eau pressurisée est actuellement le modèle le plus répandu. Il utilise de l'eau sous haute pression pour refroidir le cœur du réacteur et pour transporter la chaleur. La haute pression garantit que l'eau ne bout pas.

L'eau, chauffée par la réaction nucléaire, chauffe à son tour un générateur de vapeur. La vapeur fait tourner une turbine qui fait fonctionner un générateur d'électricité. L'électricité alimente le réseau électrique qui fournit de l'électricité pour nos maisons, usines, tramways, lampadaires, etc.

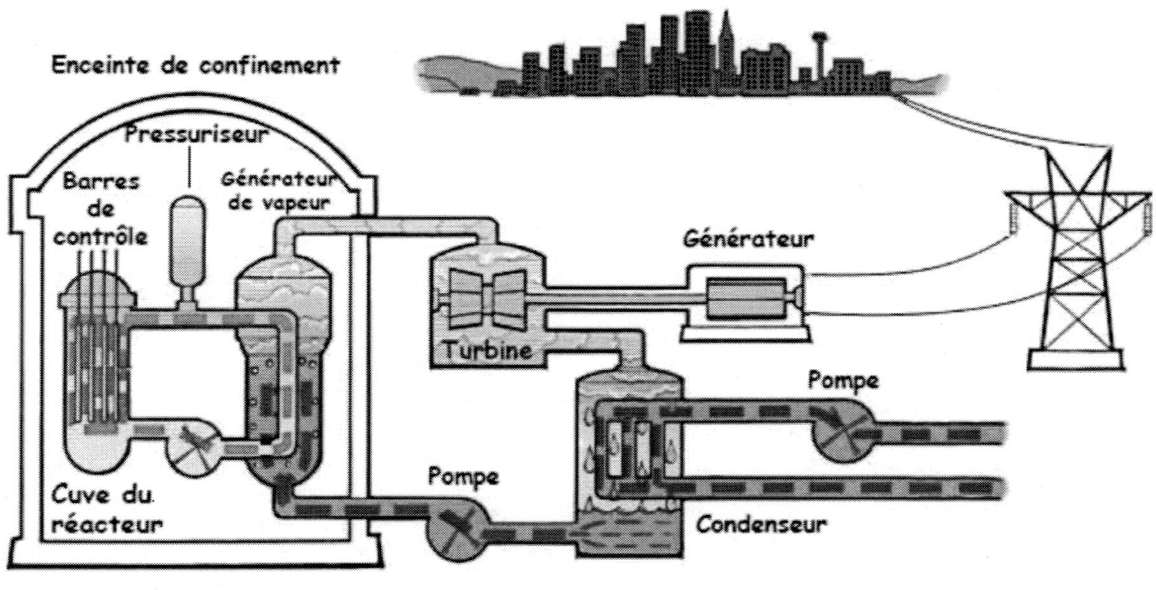

Source : Wikipedia

La vapeur est refroidie à son tour par une grande quantité d'eau froide, généralement pompée d'un fleuve ou de la mer.

L'eau dans le réacteur sert également de **modérateur** qui gère la vitesse des neutrons. Si la réactivité se met à augmenter trop fort, l'eau chauffe, se dilate et ralentit la réaction en chaîne. C'est une caractéristique importante de sécurité automatique.

Les **barres de contrôle** peuvent être enfoncées ou retirées pour ralentir ou accélérer la vitesse de la réaction. L'**enceinte de confinement** assure une sécurité supplémentaire.

LES ACCIDENTS NUCLÉAIRES

Depuis que la première centrale nucléaire s'est mise à fonctionner en 1954, il y a eu trois accidents nucléaires majeurs : à Three Mile Island (Pennsylvanie, USA) en 1979, à Tchernobyl (Ukraine) en 1986 et à Fukushima (Japon) en 2011.

Three Mile Island

Le 28 mars 1979, à la suite d'une combinaison de défaillances mécaniques et d'erreurs humaines, le cœur de l'un des 2 réacteurs de cette centrale a fondu. Néanmoins, la cuve du réacteur, contenant le combustible endommagé et ses isotopes radioactifs, est restée intègre. Après cet accident, les exigences en matière de sécurité sont devenues plus strictes.

Tchernobyl

Le 26 avril 1986, des opérateurs d'un réacteur à Tchernobyl décident de mener une expérience. En ce faisant, ils manquent de respecter certaines mesures de sécurité. Le réacteur surchauffe. Les combustibles et les produits de fission se mettent à fondre à l'intérieur du réacteur. L'eau de refroidissement se transforme soudain en vapeur, déchirant le toit du bâtiment. Des matériaux prennent feu. Des matières radioactives se dispersent dans l'atmosphère.

Une trentaine d'intervenants de première urgence meurent des suites de l'irradiation. L'OMS (Organisation Mondiale de la Santé) a recensé 8000 cancers de la thyroïde dont quinze de mortels. L'OMS prévoit encore quelque 4000 cancers possibles, soit 0,5% de la population. Le plus stressant pour les habitants de la région est l'évacuation de quelque 300 000 d'entre eux, une expérience très dure.

Ce modèle de réacteur était mal conçu. Il était connu pour être instable sous certaines conditions. En outre, le réacteur n'était pas entouré d'une enceinte de confinement en béton armé, norme de sécurité aujourd'hui reconnue comme essentielle. Les ingénieurs du nucléaire ont appris à éviter ces erreurs.

Fukushima

Le 11 mars 2011, un tremblement de terre d'une intensité rare (magnitude 9 sur l'échelle de Richter) provoque un énorme tsunami. Une vague haute de 15 mètres inonde la centrale nucléaire de Fukushima, protégée par un mur haut de 10 mètres seulement. L'inondation coupe l'électricité. La centrale résiste pendant 2 jours sous un système de refroidissement d'urgence alimenté par des batteries mais pour finir les batteries se vident. Les réacteurs surchauffent. La chaleur provoque une série d'explosions d'hydrogène, rejetant des matières radioactives dans l'atmosphère et la mer.

Le séisme et le tsunami font jusqu'à 20,000 victimes. Les radiations n'ont fait aucune victime, mais l'évacuation des habitants de la zone a été douloureuse. Si la dissémination des matières radioactives dans l'atmosphère et dans la mer a provoqué des inquiétudes, il faut relativiser : le total de la radioactivité rejetée dans l'océan pacifique par l'accident représente un milliardième de la radioactivité naturelle de cet océan. La radioactivité moyenne d'un poisson affecté par l'accident est équivalente à celle d'une banane. (Les bananes contiennent un peu de l'élément potassium, qui a un isotope radioactif en quantité minuscule. Ne vous inquiétez pas, les bananes sont parfaitement sûres à manger !).

Leçons tirées

Ces accidents ont fourni d'importantes leçons en matière de sécurité. La réaction doit s'arrêter automatiquement en cas d'événement problématique. Le cœur du réacteur doit être protégé par une enceinte de confinement efficace.

Ces précautions ont été appliquées déjà pour des la plupart des réacteurs. Les réacteurs du future seront encore plus sûrs. Aucune activité humaine ne comporte un risque zéro – pas même la traversée de la rue - mais la production d'énergie nucléaire est peu nuisible comparée à presque toutes les alternatives, même avant de prendre en compte les émissions des gaz à effet de serre.

UNE NOUVELLE GÉNÉRATION DE RÉACTEURS NUCLÉAIRES

Le Forum International Génération IV est une initiative lancée par les USA pour une coopération internationale en vue de développer une nouvelle génération de systèmes nucléaires. Parmi ses objectifs : améliorer la sûreté nucléaire, minimiser la quantité et la dangerosité des déchets radioactifs, et diminuer les coûts de construction et d'exploitation des réacteurs. Les États membres reconnaissent le rôle de la technologie nucléaire pour satisfaire les besoins croissants d'énergie dans le monde et pour lutter contre le changement climatique.

De nombreux pays poursuivent la recherche et le développement de technologies nucléaires répondant à ces critères. Un exemple est l'utilisation de combustibles liquides plutôt que solides, avec le combustible dissous dans un mélange de sels fondus. Ce type de réacteur est très différent de ceux en usage aujourd'hui. Sa capacité à fonctionner à la pression atmosphérique normale le rendra beaucoup plus sûr et moins cher.

Les nouveaux réacteurs vont nous débarrasser de quantité de nos déchets nucléaires en les recyclant en tant que combustibles. Des dispositifs de sécurité automatiques feront en sorte que les accidents nucléaires graves seront quasiment impossibles. Des combustibles plus variés et plus abondants rendront l'énergie nucléaire durable dans le temps.

CONCLUSION

L'énergie utilisée dans le monde aujourd'hui provient surtout des combustibles fossiles : gaz, pétrole et charbon. Leur utilisation produit des gaz à effet de serre, source de dérèglements climatiques dangereux. Il est peu probable que les énergies renouvelables (hydraulique, solaire, éolien, géothermie, biomasse, force des vagues ...) puissent remplacer les hydrocarbures à l'échelle nécessaire.

La technologie nucléaire peut fournir de l'énergie abondante, non polluante, non carbonée, et relativement sûre par rapport à la plupart des autres sources d'énergie.

C'est un grand plus dans le combat contre le changement climatique.

QUELQUES RÉFÉRENCES

Livres

Le Nucléaire : un choix raisonnable ? par Hervé Nifenecker, EDP Sciences, 2011

L'Atome Vert : Le Thorium, un nucléaire pour le développement durable par Jean-Christophe de Mestral (Favre)

Internet

Wikipedia

La Génération IV
http://www.energethique.com/energie/generation_IV.htm

Le thorium, futur nucléaire vert ?
http://www.grenoble-inp.fr/le-groupe/le-thorium-futur-nucleaire-vert--527969.kjsp?RH=INPG_EN-INPRESS

À propos de quelques objections fréquentes sur le nucléaire civil
http://www.manicore.com/documentation/articles/idee_nucleaire.html

Sur le problème des déchets nucléaires
http://quelquesideesrecuessurlenergie.wordpress.com/2011/12/10/ideerecue-n14-on-ne-sait-pas-quoi-faire-des-dechets-necleaires-et-sont-un-legs-inacceptable-pour-les-generations-futures/

Recycler les déchets nucléaires :
Leslie Dewan - Power from Nuclear Waste (en anglais aux sous-titres français)
https://www.youtube.com/watch?v=4UXXwWOImm8

t

Internet - vidéo

Énergie des déchets nucléaires - Leslie Dewan
http://energieduthorium.fr/2014/02/22/energie-des-dechets-nucleaires/

Annexe B

LES ENERGIES JUGÉES

Un tribunal imaginaire où les diverses solutions énergétiques seront jugés pour leur capacité à sauver la planète.

Sur le Banc des Juges : Hugo et Élodie, en robe de juges. Madéblanc est à côté d'eux.

Sur le Banc des Jugés :
La Sobriété, le Charbon, le Pétrole, le Gaz naturel, la Fracturation (« Fracking »), les Énergies Renouvelables, des Atomes

Sur le Banc des Témoins :
Une Servante, un Esclave , un Cheval, un Malade, un Automobiliste, un Voyageur par train français, des Climatologues et autres experts dont James Hansen, Robert Hargraves, George Monbiot, Jean-Christophe de Mestral, Hervé Nifenecker et Jean-Marc Jancovici, des Manifestants anti-fracking, des Manifestants anti-nucléaire, un Arbre, un Cerf, un Homme avec un verre d'eau, un Chef d'Entreprise, un Ministre, une Dame avec un panier de linge, une Fille avec un carnet.

Madé : Aujourd'hui, toutes les sources d'énergie seront jugées.
Lesquelles peuvent nous aider à sauver la planète ?
Lesquelles sont dangereuses pour notre avenir ?

Les jeunes humains Hugo et Élodie seront les juges.

Silence dans la salle ! L'audition commence.

Élodie : La Sobriété, levez-vous. Qu'avez-vous à dire à ce tribunal ?

La Sobriété se lève. C'est une dame habillée à l'ancienne, une chandelle à la main.

Sobriété : Longtemps l'humanité a vécu sans énergies fossiles et sans électricité. Pourtant il y avait la poésie, la musique, la science, la mode. L'humanité n'a qu'à vivre avec moins d'énergie comme par le passé.

La Sobriété se retire.

La Servante, l'Esclave et le Cheval se lèvent.

Servante : La prospérité d'un petit nombre était bâtie sur le travail des pauvres.

Esclave : L'esclavage fournissait le sucre pour vos gâteaux, le coton pour vos beaux habits.

Cheval : Nous les pauvres bêtes fournissions vos transports, nous travaillions vos champs.

Élodie : Il ne faut pas que ces temps reviennent.

Les trois témoins se retirent. Le Charbon, le Pétrole et le Gaz naturel se lèvent.

Hugo : Vous, les Énergies Fossiles : Qu'avez-vous à nous dire ?

Les Énergies fossiles : Nous les combustibles fossiles couvrons 80% de vos besoins énergétiques ! Nous sommes indispensables.

Le Charbon : Moi, CHARBON, j'ai lancé votre révolution industrielle ! Vos premières grandes usines, vos chemins de fer, vous les devez à MOI ! Je fournis 40% de vos besoins en électricité. Mes réserves sous la terre pourront durer encore 2 siècles.

Hugo : Oui, mais à quel prix pour notre santé ?

Élodie : Deux siècles dans l'histoire humaine, ce n'est pas beaucoup.

Un Malade se lève.

Malade (toussant) : Charbon, ta pollution nous rend malade et nous tue.

Un climatologue : Et tu es la source la plus importante d'émissions de CO_2 !

Le Pétrole : Humains, vous adorez vous déplacer à toute vitesse, en voiture, en train, en avion. Avouez que c'est grâce à MOI, PÉTROLE que vous y arrivez !

Automobiliste : Mais tes stocks s'épuisent. Ton prix grimpe.

Voyageur français : En France nous voyageons en trains électriques. Ils sont rapides et économiques.

Les Atomes : Et ce sont nous les atomes qui fournissons trois quarts de l'électricité en France ! Ces superbes trains électriques sillonnent le pays grâce à nous !

Gaz : Moi le GAZ je reste abondant ! Je suis en pleine croissance ! Surtout avec l'aide de mon copain FRACKING.

Fracking (représenté par un appareil de forage) : Et moi, technique de FRACTURATION HYDRAULIQUE, je ne cesse de trouver d'immenses réserves de gaz et de pétrole dans le sol. Je ne suis pas propre, d'accord, mais l'important c'est l'énergie !

Arbre et Cerf : FRACTURATION, tu abîmes notre habitat !

Homme avec un verre d'eau : Tu as empoisonné mon eau ! J'en suis malade !

Des manifestants font irruption dans la salle portant des pancartes :
HALTE AU FRACKING !
STOP AU GAZ DE SCHISTE !
NI ICI NI AILLEURS !
NO GAZARAN !

Le climatologue James Hansen se lève.

James Hansen : La pollution de l'air et de l'eau due à l'extraction et la combustion de combustibles fossiles tue plus de 1.000.000 de personnes par an. Mais le plus grand coût pour l'humanité sera sans doute le changement climatique.

Hugo : Vous, PÉTROLE, GAZ et surtout CHARBON, vous êtes condamnés à diminuer votre activité progressivement jusqu'à sa fin complète.

Élodie : FRACKING, on te bannit.

Des officiers mènent Charbon, Pétrole, Gaz et Fracking hors de la salle.

Hugo: Écoutons les Énergies Renouvelables.

L' Éolienne, le Panneau Solaire et l'Hydrolienne se lèvent. Ils sont tous plutôt petits, mais ils ont de grands pieds.

Élodie : Le vent, le soleil, les marées ! Approchez, on vous écoute.

Les Énergies Renouvelables : Nous ne produisons pas de CO_2 et nous sommes inépuisables !

Hugo : C'est parfait !

Élodie : Mais vous êtes tout petits. Allez-vous grandir ?

Les Énergies Renouvelables : Notre contribution à vos besoins énergétiques est encore petite. Mais elle grandit lentement.

Hugo: Que vous faut-il pour grandir plus vite ?

Les Énergies Renouvelables : Nous nourrir avec de l'argent - des investissements.

Élodie : Qui peut nourrir nos amis les Energies Renouvelables ?

Le Chef d'Entreprise et le Ministre se lèvent. Le premier porte une banderole "Argent Privé", le second, "Argent Public".

Chef d'Entreprise (consultant un Rapport Trimestriel) : Hmm. Mes actionnaires ne sont pas convaincus. Il me faut montrer de gros profits. Le charbon, le pétrole et le gaz me donnent de meilleurs bénéfices.

Le Ministre : Hmmm. L'argent public manque. Nous devons réduire le budget de l'Etat. Nous devons limiter nos dépenses pour le moment.

Hugo : Pour le moment ?

Ministre : En attendant des jours meilleurs.

Élodie : Je vois. Et si on imposait une taxe sur les émissions de CO_2 ? Cet argent pourrait aider à développer les énergies renouvelables !

Hugo : Tout en décourageant l'utilisation des énergies polluantes !

Les Énergies Renouvelables : Ah oui, s'ils vous plaît !

Le Chef d'Entreprise : Ah non, ça va nuire à mes bénéfices !!

Élodie (aux Énergies Renouvelables) : Pourquoi avez-vous de si grands pieds ?

Panneau Solaire : C'est que... nous prenons beaucoup de place sur la terre par rapport à l'énergie que nous fournissons.

Éolienne : Quand le vent est trop faible – ou trop fort – je ne tourne pas.

Panneau Solaire : Le soleil ne brille pas la nuit. Il brille peu par temps nuageux, pluvieux, ou neigeux, ni par les jours courts d'hiver. Ainsi, nous ne produisons pas l'électricité tout le temps.

Une dame avec un panier de linge et une fille avec un carnet se lèvent.

Dame : Je ne veux pas que ma machine à laver s'arrête tout court parce que l'électricité manque.

Fille : Je ne veux pas faire mes devoirs à la bougie !

Élodie (à un Ingénieiur) : Ne peut-on pas stocker l'électricité quand il y en a beaucoup pour l'utiliser plus tard ?

Ingénieur : C'est difficile et coûteux.

Hugo : Énergies Renouvelables, nous vous félicitons pour vos nobles efforts. Continuez à grandir.

Élodie : Nous avons besoin de vous...même s'il est peu probable que vous puissiez couvrir tous nos besoins en énergie.

Trois atomes arrivent en sautillant.

Atome de Thorium : Mais nous aussi, nous pouvons être considérés comme renouvelables ! Il y a assez de Thorium dans la terre pour durer 10 000 ans !

Atome de Plutonium : Et les déchets produits par nos réactions peuvent être recyclés.

Atome d'Uranium : Nous pouvons produire énormément d'énergie tout le temps, et sans gaz à effet de serre !

Hugo : Approchez, les atomes. Vous êtes très énergétiques...

Des Manifestants anti-nucléaire entrent dans la salle brandissant des pancartes : NON à l'Energie Nucléaire !

Élodie (aux Manifestants) : Pourquoi vous opposez-vous à l' Énergie nucléaire ?

Manifestants :
L'énergie nucléaire est dangereuse.
Un accident grave pourrait se produire n'importe quand.
Les déchets radioactifs resteront avec nous pendant des milliers d'années.
Le nucléaire est coûteux.
Avec les énergies alternatives nous n'aurons pas besoin du nucléaire.

Élodie (aux atomes) : Beaucoup de gens se méfient de vous ...

Hugo : Et si on demandait l'avis des experts ?

Le Professeur Robert Hargraves se lève.

Robert Hargraves : J'enseigne la politique des énergies et j'ai publié plusieurs livres sur la question, notamment *"Thorium, energy cheaper than coal"* (Le Thorium, de l'énergie moins cher que le charbon).

En fait, l'énergie nucléaire est de loin le moyen le plus sûr pour fabriquer l'électricité.

Le nucléaire pourrait nous aider à :
- réduire les émissions de CO_2 et le dérèglement climatique,
- réduire la pollution dangereuse, souvent mortelle,
- fournir de l'énergie inépuisable,
- accroître la prospérité mondiale.

George Monbiot se lève.

George Monbiot : Journaliste et écrivain, je milite contre le changement climatique depuis longtemps.

À Fukushima, l' énergie nucléaire a été soumise à une épreuve des plus dures possibles. Mais son impact sur les gens et sur la planète a été faible.

La crise de Fukushima m'a converti à la cause de l'énergie nucléaire.

Sur tous les points - changement climatique, impact de l'exploitation minière, pollution locale, accidents du travail, y compris mortels, et même sur les rejets radioactifs - le charbon est 100 fois pire que l'énergie nucléaire.

Jean-Christophe de Mestral se lève.

Jean-Christophe de Mestral : Mon livre *"L' Atome Vert : Le Thorium, un nucléaire pour le développement durable"* explique comment les nouvelles centrales pourront faire disparaître les déchets encombrants et dangereux actuels en les incinérant ... pour produire encore plus d'électricité !

Jean-Marc Jancovici se lève.

Jean-Marc Jancovici : J'ai écrit plusieurs livres au sujet du changement climatique, dont *"Le changement climatique expliqué à ma fille"*. Je tiens un site internet sur le climat et l'énergie, www.manicore.com.

Hugo : J'ai vu votre site, il est très informatif !

Jean-Marc Jancovici : A propos des déchets nucléaires, je pose une question. Qu'est-ce qui est préférable : avoir des déchets solides (nucléaires), que l'on peut mettre dans une poubelle et surveiller, ou avoir un déchet gazeux (le CO_2), qui, dès qu'il part dans l'atmosphère, échappe à tout contrôle, et est susceptible d'engendrer des conséquences globales et irréversibles sur des milliers d'années ?

Hervé Nifenecker se lève.

Hervé Nifenecker : Ancien physicien au CEA puis au CNRS, je suis co-fondateur de l'association Sauvons Le Climat.

Dans mon livre *"Le Nucléaire : un choix raisonnable ?"*, j'explique à propos des déchets : aussi longtemps qu'ils restent confinés sous terre, dans le site de stockage géologique, les déchets nucléaires ne présentent aucun danger pour le public. Contrairement aux déchets chimiques industriels renfermant des éléments toxiques comme l'arsenic, le plomb, le cadmium, dont la durée de vie est infinie, les déchets nucléaires renferment des radionucléides qui disparaissent avec le temps.

Élodie : Et les énergies du vent et du soleil ?

Jean-Christophe de Mestral : À moins d'une révolution technique, les énergies alternatives n'auront pas la capacité à répondre à la demande future.

Les Atomes : Mais nous, nous pouvons le faire !

Hargraves : Il faut produire l'énergie nucléaire moins cher que le charbon. Je pense que c'est possible.

Hugo : Merci à tous pour votre participation à cette enquête.

Élodie : Toi qui lis ce livre, réfléchis bien et fais tes propres recherches. Le futur est entre tes mains.

Hugo : Réfléchis aussi que quelles que soient les solutions pour notre problème d'énergie...

Élodie : ...elles ne résoudront pas tous les problèmes d'une planète de taille fixe...

Hugo : ...et d'une population humaine grandissante.

Élodie : Ni le sort des autres espèces qui partagent notre planète.

Annexe C

SAVE SOMETHING FOR OUR CHILDREN

(CHANSON DES ENFANTS)

There's a fire in the bayou, a burning in my brain
Theres too many cars and they're driving me insane
We've been hitting it hard, now the earth is scarred
Cause the laws allow for stuff that oughtta be barred

Check out the water, the sky and the soil
They're tearing up the planet just to get to the oil
We're gonna run out, it's a matter of when
And what do you think is gonna happen then?

(little girl) What is gonna happen then?

We're hooked on oil, they reeled us in
And you can't run a country on adrenalin
Cause we swallowed the bait, bobber, hook, line and sinker
We gotta come together and we need some forward thinkers

I'm tired of excuses and faulty claims
I've had enough of these greedy games
This is out of control, this is big, this is real
"Didn't your mama teach you not to steal?"

Refrain :
Oooh ooh ooh ooh
Save something for our children
Oooh ooh ooh ooh
We can make it better
Oooh ooh ooh ooh
We're building this together

No one said the truth would be easy to take
Yeah, it's inconvenient, but there's so much at stake
From the redwood forest to the gulf stream waters
What's gonna happen to the eagles and the otters?

You can point a finger, bicker and fight
But it ain't gonna end till we all make it right
You can turn your TV off, look the other way
Put on your shades, but it won't go away

(little girl) I'm talking to you, BP!

When I lie awake in my soft warm bed
I wonder what will happen with the watershed
Between the 5 Great Lakes and the St Lawrence River
It's scary enough to make a dead man shiver

It's a global system, it's all connected
It's everybody's problem, as we suspected
So start a revolution, find a solution
Or we're gonna end up buried in pollution.

Refrain

The fierce water wars have yet to begin
And when I think about it my head starts to spin
Look what they did to the Aral Sea
Well it's all dried up, now how can that be?

Divert the water and the dry lands bloom
But over time you get a desert tomb
Skeleton boats on the desert sand
Where the fishermen fished, now it's land.

Refrain

La chanson "Save something for our children" a été créée et produite par Emilie Cardinaux et chantée par ses étudiants en music.

https://www.youtube.com/watch?v=xcfPbEF08bc&feature=kp

Traduction française

SAUVEZ QUELQUE CHOSE POUR NOS ENFANTS

Un feu de forêt fait rage, et ça brûle dans mon cerveau !
Il y a trop de voitures, ça me rend dingue,
Nous avons frappé dur la terre, elle en est cabossée,
Car tout est permis, rien n'est interdit.

Regardez l'état de l'eau, du ciel et du sol :
Des hommes déchirent tout pour accéder au pétrole.
Nous allons en manquer, c'est une question de quand
Et qu'est-ce qui va arriver alors, pensez-vous ?

(Petite fille) Qu'est-ce qui va arriver alors ?

Nous sommes accrochés au pétrole, "ils" nous ont embobinés,
L'adrénaline ne suffit pas pour gouverner,
Nous avons avalé l'appât, le flotteur, le crochet, la ligne et le plomb,
Nous devons nous unir, il faut penser à l'avenir.

J'en ai assez des excuses et des mensonges
J'en ai assez des manipulations, de l'avidité
Ca nous échappe, c'est vrai et c'est énorme !
"Hé, ta maman ne t'a-t-elle pas appris à ne pas voler?"

Refrain :
Oooh ooh ooh ooh
Sauvez quelque chose pour nos enfants,
Oooh ooh ooh ooh
Nous pouvons faire mieux !
Oooh ooh ooh ooh
Nous construisons cette chose ensemble.

Personne n'a dit que la vérité serait facile à accepter,
Ouais, c'est gênant, mais les enjeux sont si importants...
Des forêts de la Californie jusqu'au Golfe du Mexique,
Que deviendront les aigles, les loutres?

Vous pouvez pointer du doigt, blâmer, disputer,
Mais le problème ne va pas s'en aller sans l'action de nous tous,
Vous pouvez éteindre votre télé, regarder de l'autre côté,
Mettre vos lunettes de soleil, mais il ne va pas disparaître.

(Petite fille) C'est à toi que je parle, BP! *

Quand je n'arrive pas à dormir dans mon lit doux et chaud,
Je m'inquiète pour le bassin versant
Entre les 5 Grands Lacs et le fleuve Saint-Laurent,
C'est assez effrayant pour faire frissonner un mort.

C'est un système global, tout est lié :
C'est le problème de tout le monde, comme nous nous en doutions.
Alors faisons une révolution, trouvons une solution,
Ou nous allons terminer enfouis dans la pollution.

On prévoit des guerres pour l'eau,
Ma tête tourne quand j'y pense
Regardez le sort de la Mer d'Aral **
Elle est toute asséchée, comment est-ce possible ?

Des bateaux squelettiques sur les sables du désert,
Là où autrefois les pêcheurs pêchaient ...

Refrain :
Oooh ooh ooh ooh
Sauvez quelque chose pour nos enfants ...

----

* La compagnie pétrolière britannique BP gérait une plate-forme pétrolière Deepwater Horizon dans les eaux profondes du golfe du Mexique (USA). Le 20 avril 2010 la plate-forme a explosé, générant un incendie féroce puis une énorme marée noire. C'était un désastre écologique sans précédent. Plus de 400 espèces, dont des baleines, des dauphins, des lamantins et de nombreux oiseaux, ont été menacés.

- http://fr.wikipedia.org/wiki/Deepwater_Horizon

** La Mer d'Aral, vaste lac entre le Kazakhstan et l'Ouzbékistan, a perdu 75% de ses eaux depuis 1950, diverties pour l'irrigation massive des cultures de coton. Une partie de la mer a fait place à une vaste étendue désertique où des tempêtes emportent des tonnes de sable chargé de pesticides sur les habitations. L'augmentation de la salinité de l'eau rend les habitants malades. La plupart des espèces de poissons ont disparus. Cette catastrophe écologique a eu une incidence importante sur le climat et sur l'agriculture, mettant beaucoup de monde au chômage.

- http://www.ladocumentationfrancaise.fr/dossiers/heritage-sovietique/mer-aral.shtml

POSTFACE

Nous encourageons les enfants et les adultes qui ont apprécié cette Bande Dessinée à approfondir leur connaissance de ces problèmes, qui sont loin d'être simples, et à poursuive la recherche des solutions.

Nous tenons à remercier tous ceux qui nous ont soutenus et aidés dans ce projet, et en particulier Aimé Guillemette, Bob Wornan, Céline Dumont, Charlotte Whittington, Daniel Heuer, Daniel Whittington, France Andrighetto, Françoise Tardieu, Jacques Exbalin, Jean-Christophe Jodry, Jean-Louis Nigon, John Laurie, Liza Toth, Mara Wornan, Mikaël Sbaa, Pierre Antoine Courouble, Pierre et Cathy Honnoré, Sandrine Sanchez, Sarah Feuillette, Sloven Guillemette, Stephan Savarese, Valentin Honnoré, Yann Honnoré et Yves Egal.

Nous saluons tous les enfants qui luttent pour un monde meilleur. Leurs actions et leur espoir doivent obliger les adultes à assumer leurs responsabilités dans la lutte contre le réchauffement climatique et la préservation de la biodiversité.

Nous tenons à féliciter les jeunes qui ont prêté leur voix dans ces pages : Akilah Sanders-Reed, Alec Loorz, Glori Del Filippone, Hallie Turner, Jaime Lynn Butler, Nelson Kanuk et Xiuhtezcatl Martinez.

Julie Wornan & Philippe Honnoré

QUELQUES SUGGESTIONS POUR ALLER PLUS LOIN

Livres

Le changement climatique expliqué à ma fille par Jean-Marc Jancovici

20 ans après... la Terre ? Le bilan du développement durable par Yann Arthus-Bertrand, Fondation GoodPlanet

Vivre ensemble – 7 milliard d'humains par Yann Arthus-Bertrand, Fondation GoodPlanet

Energies par Cathy Franco Collection La Grande Imagerie. Ed. Fleurus.

Saison brune par Philippe Squarzoni (BD pour ados et adultes)

Internet

Manicore - http://www.manicore.com

réchauffement climatique - http://fr.wikimini.org/wiki/R%C3%A9chauffement_climatique

L'encyclopédie des 8-13 ans - http://fr.vikidia.org/

Qu'est ce que l'effet de serre? - http://effetdeserre.canalblog.com/

350.org (français) - http://350.org/fr/

Fondation David Suzuki : les changements climatiques
http://www.davidsuzuki.org/fr/champs-dintervention/changements-climatiques/

Documentaire

"*Une vérité qui dérange*" d'Al Gore
bande annonce : https://www.youtube.com/watch?v=GoW3cQY-dW8
film entier en version française : http://vimeo.com/17392955